ИСТОРИИ О НАУЧНЫХ ОЗАРЕНИЯХ

(КНИГА 7)

I0156961

# ИГОРЬ УШАКОВ

# ПРЕКРАСНЫЕ УЧЕНЫЕ ПРЕКРАСНОГО ПОЛА

San Diego

2011

Дизайнер обложки: **Кристина Ушакова**

Художник: **Святослав Ушаков**

# Серия книг «Истории о научных озарениях»

*Эти книги помогут преподавателям сделать их занятия более увлекательными, а слушателям - узнать больше, чем знают сами учителя!*

# Содержание

Все – добродетель, мудрость, нежность, боль –
В единую гармонию сомкнулось,
Какой земля не слышала дотоль.
И ближе небо, внемля ей, нагнулось;
И воздух был разнежен ею столь,
Что ни листка в ветвях не шелохнулось.

*«На жизнь мадонны Лауры»*
**Франческо Петрарка[1]**

# От автора

Так уж ведется исстари, что женина – хранительница очага, а мужчина – охотник, земледелец, пастух.

Мужчина – работает! Ну а что делает женщина? Да так... Дома по хозяйству.

Почему-то убивать мамонтов и строить пирамиды – это дело доблести и геройства. А обеспечивать «тылы»?.. Домашняя работа всегда была и остается крайне изнурительной и в то же время крайне незаметной, а все незаметное, как правило, недооценивается.

Наука буквально с момента ее зарождения стала сферой, где мужчины «захватили власть». Но, несмотря на давление со стороны, «сильного пола» представительницы «слабого пола» издавна показывали и сейчас показывают свою интеллектуальную мощь. Знаете ли вы, что в 2009 году Нобелевскими премиями было удостоено 5 женщин из общего числа 13 лауреатов?

Пробиться сквозь, казалось бы, непробиваемую стену половой дискриминации, добиться воистину потрясающих научных

---

[1] **Франческо Петрарка** (1304-1374), итальянский поэт, глава старшего поколения гуманистов, один из величайших деятелей итальянского Проторенессанса.

успехов – это не просто демонстрация таланта, но и большой гражданский подвиг.

В этой книге вы найдете многие интересные биографии женщин-ученых. Вы проследите – правда, несколько фрагментарно – яркие вспышки женского гения от времен античности до наших дней. И вы убедитесь, что представление о женщинах-ученых как о «синих чулках»[2] – это представление превратное и в корне неверное.

Автор надеется, что многие мужчины (да и женщины!) освободятся от «исторических» стереотипов женщин-домохозяек.

А дети оценят, как их мамы, проведя, наравне с их папами, день на работе, успевают еще создать очень многое не только для процветания семьи.

_____

[2] Выражение «синий чулок» возникло в Англии («blue stocking») в 80-х годах XVIII века. В русский язык выражение пришло в первой половине XIX века, через аналогичное французское выражение «bas bleus», как во Франции называли женщин, которые пренебрегали домом и семьей, посвящая себя в основном науке и другим «неженским» занятиям.

# Предварение

Начнем с гимна женщине Михайлы Ломоносова[3], обращенного к древнегреческой богине Афине (она же впоследствии, «по наследству», древнеримская богиня Минерва). Собственно, почему к Афине-Минерве? Да потому, что она была не только девой-воительницей – в шлеме и со щитом, но и богиней знаний, искусств и ремёсел, ума и изобретательности.

Богиня, дщерь божеств, науки основавших
И приращенье их тебе в наследство давших,
Ты шествуешь по их божественным стопам,
Распростираючи щедроты светлость нам.
Мы, признаваясь, что едва того достойны,
Остались бы всегда в трудах своих спокойны;
Но только к славе сей того недостает,
Чтоб милость к нам твою увидел ясно свет.
Дабы признали все народы и языки,
Коль мирные твои дела в войну велики.
. . . . . . . . . . . . . . . . . . . . . . . . . . . . .
Любитель тишины, собор драгих наук,
Защиты крепкия от бранных ищет рук.
О, коль велики им отрады и утехи:
Восследуют и нам в учениях успехи
И славной слух, когда твой университет
О имени твоем под солнцем процветет,
Тобою данными красуясь вечно правы
Для истинной красы Российския державы.
И юношество к нам отсюду притекут
К наукам прилагать в Петрове граде труд.
Петрова ревность к ним, любовь Екатерины,
И щедрости твои воздвигнут здесь Афины.

---

[3] **Михаил Васильевич Ломоносов** (1711-1765) – первый русский учёный-естествоиспытатель, энциклопедист, химик и физик.

Приемлемые в них учены пришлецы
Расширят о тебе в подсолнечной концы.
. . . . . . . . . . . . . . . . . . . . . . . . . . . .
Мы соружим похвал тебе, Минерве, храм,
В приличность по твоим божественным делам…


Но спустимся с Олимпа на грешную землю… Мы и здесь найдем немало женщин-ученых, достойных восхищения и преклонения.

История первых шагов женщин в науки уходит в глубину веков. Можно найти, например, упоминание об Эд Хеду'Анне, которая жила почти четыре с половиной тысячелетия назад. Она была дочерью Вавилонского царя Саргона[4], который нарёк ее главной монахиней Храма Луны. А как доподлинно известно, вавилонские храмы были первыми научными и учебными центрами: при них были .большие библиотеки и первые обсерватории, в них был разработан первый в мире календарь. До нас дошли только несколько стихотворений Эд Хеду'Анны, но нет сомнений, что она была и ученым – в то время еще не догадались, что руководить наукой могут только безграмотные бюрократы ☺.

А египтянка Аганица, которая была сводной сестрой и одновременно одной из многочисленных жен фараона Рамзеса II[5], оста-

<hr/>

[4] **Саргон Древний**, или **Саргон Аккадский** (по-аккадски Шурру-кин, что означает «Истинный царь») был царем Аккада и Шумера с 2316 по 2261 год и основал династию Саргонодов. По легенде, **Саргон** был выходцем из народных низов: его мать была бедной женщиной и подбросила в речные камыши корзинку со своим маленьким сыном, которого подобрал и воспитал богатый водонос по имени Акка. (История, как две капли воды повторяющая историю библейского Моисея!)

5 **Рамзес II Великий** (жил предположительно в 1314-1224 до н. э. или 1303-1212 до н. э.) , третий царь XIX династии, сын фараона Сети I и его супруги Туйи. При Рамсесе Египет достиг своих максимальных границ. Во время его длительного правления, по праву считающегося одной из эпох высочайшего расцвета египетской цивилизации, было создано огромное количество храмовых комплексов и монументальных произведений искус-

вила свои научные записи, в которых была предпринята попытка предсказания движения основных небесных светил.

Знаменитейшей из древнегреческих женщин-философов считают Аспасию (около 470-400 до н.э.). Она общалась на равных с Сократом[6], Фидием[7] и Анаксагором[8]. Сократ познакомил ее с правителем Афин Периклом[9], женой и любовницей которого она вскоре стала.

Интересно, что Платон[10] сказал о ней, что она «хорошо разбиралась в риторике и вдобавок обучила многих хороших ораторов, среди которых был выдающийся оратор эллинов Перикл». А ведь Перикл был одним из выдающихся ораторов своего времени!

---

ства. Его старшей женой была его сводная сестра Нефертити. Рамзесу египтяне поклонялись как богу.

[6] **Сократ** (469-399 до н. э.) – один из величайших древнегреческих философов. Был приговорён к смерти за «развращение молодежи» и «непочитание богов». Покончил с собой выпив чашу с цикутой – сильнодействующим ядом.

[7] **Фидий** (490-430 до н. э.) – древнегреческий скульптор и архитектор, один из величайших художников периода высокой классики.

[8] **Анаксагор из Клазомен** (500-428 до н. э.) — древнегреческий философ, математик и астроном, основоположник афинской философской школы.

[9] Перикл (490-429 до н.э.) – знаменитый государственный деятель Афин, с именем которого связано представление о поре расцвета афинской демократии, греческой литературы и искусства.

[10] **Платон** (428-347 до н. э.) — древнегреческий философ, ученик Сократа, учитель Аристотеля. Настоящее имя — **Аристокл** (в переводе означает «Наилучшая Слава»). Платон — это прозвище, означающее «широкоплечий».

**Монсу Дезидерио[11]. Беседа Сократа с Аспасией.**

Но об этих женщинах. Которые жили давным-давно, мало что известно более детально. Расскажем о тех, история жизни которых известна лучше.

---

[11] **Монсу Дезидерио-** — коллективный псевдоним, под которым в историю мирового искусства вошли художники из Лотарингии Франсуа де Номе (1593-1620) и Дидье Барра ( **1590 - 1644** ).

# Теано
## (VI век до н. э.)

**Пифагор и Теано.**

**Теано была самой первой женщиной-математиком в античной истории.**

Согласно преданию, Теано была дочерью врача по имени Бронтиус, который был большим сторонником Пифагора.

Теано училась у Пифагора, изучая математику сначала в его школе[12] на острове Самосе[13], а затем в Кротоне[14], а впоследствии стала его женой, хотя тот был старше ее на целых 36 лет.

Когда Пифагор умер, Теано возглавила школу пифагорейцев. В работе ей помогали дочери Дамо, Мирия и Аригноте и сыновья Мнесаркус, названный

---

[12] О школе Пифагора *Подробнее см. в томе 1 (часть2, гл.5).*

[13] **Самос** – остров в Эгейском море. Являлся центром ионийской культуры во времена античности. Родина Пифагора, Эпикура, Аристарха и других ученых и философов Античности.

[14] **Кротон** – город на юге Апенинского полуострова на территории нынешней Калабрии, принадлежавшей в те времена Греции.

так в честь отца Пифагора, и Телаутес. Жена и дети Пифагора после его смерти несли учение великого грека не только в Греции, но и в Египте.

По уставу пифагорейцев, женщины не только имели право учиться в философской школе Пифагора, но и становиться учителями. Жили они, как и остальные пифагорейцы, в общей коммуне, публикуя свои работы, как это было принято, под именем Пифагора. И хотя сегодня трудно восстановить авторство тех или иных работ, вышедших из школы Пифагора, авторство Теано некоторых работ удалось восстановить по упоминаниям ее имени в текстах.

Теано больше всего посвящала себя физике, медицине и детской психологии, но в то же время была крупным астрономом и математиком. К ее главным достижениям относятся исследования, связанные с теоремой о «золотом сечении» и связанной с ней задачей о «золотом треугольнике».

Доподлинно известно, что она является автором работ *«Космология»*, *«Теорема о золотой пропорции»*, *«Теория чисел»* и *«Конструкция Вселенной»*. Сохранились сведения, что она же написала *«Жизнеописание Пифагора»*, которое, к сожалению, пропало.

Следуя Пифагору, в своей *«Конструкции Вселенной»* Теано писала, что Вселенная зиждется на числах и пропорциях. По ее представлению Вселенная состоит из десяти концентрических сфер, по каждой из которых равномерно по круговым орбитам вокруг Солнца вращаются Луна и планеты. Звезды, как полагала Теано, закреплены на небесной сфере. Теано считала, что расстояния между концентрическими сферами и «центральным огнем» имеют такие же арифметические пропорции, как и интервалы на музыкальной шкале.

\* \* \*

Теано, будучи весьма разносторонним ученым, внесла заметный вклад в античную математику и астрономию.

# Ипатия Александрийская
## (370 – 415)

Ипатия была одной из самых романтических фигур в истории науки. Фактических сведений о ней сохранилось не так уж много, однако ее короткая и яркая жизнь и трагическая смерть будоражили и будоражат умы историков и писателей.

Она была первой женщиной, оказавшей существеннейшее влияние на античную математику и помогшей сохранить ее богатства для последующих поколений.

16 веков назад Гипатия была одним из самых эрудированных в математике и астрономии людей в мире. Ее легендарное знание, скромность, красноречие расцвело в период Знаменитой Александрийской Библиотеки. Гипатия внесла свой вклад в геометрию и астрометрию, кроме того, сыграла важную роль в создании астролябии. *«Сохраняй свое право на размышление, мыслить неправильно лучше, чем не думать совсем. Лучше думать и делать ошибки, чем не думать вообще. Самое страшное – это преподносить суеверие как истину»* – афоризм Ипатии –

*«Учить верить суевериям – самое чудовищное дело».*

Всю свою жизнь она провела в Александрии, где снискала уважение и почет как философ и ученый. Интеллектуальная деятельность Ипатии привлекала к ней множество самых разных людей, считавших ее своим учителем. К 390 г. вокруг нее образуется кружок. К сожалению, скудость источников служит существенным препятствием для определения имен ее студентов, их числа, продолжительности и содержания обучения.

Возможно, что среди учеников и слушателей Ипатии были священнослужители или те, кто готовился к принятию священнического сана. Все, в ком было желание изучать философию, стекались к ней отовсюду: христиане и язычники; те, кто относился с сочувствием к христианству или уже находился на пороге крещения; из Кирен и Фиваиды, Сирии и Ливии, Константинополя и отдаленных областей империи приходили к Ипатии, чтобы под ее руководством приобщиться к богатству греческого наследия. В поношенном плаще, который в те времена носили философы, она появлялась на улицах Александрии без сопровождения и публично излагала сочинения Платона и Аристотеля. Гипатия учила своих «студентов» относиться к философии как к своего рода религиозной тайне.

Гипатия жила в трудное время гонений, когда по приказу епископа Феофила в 391 году, был уничтожен Мусейон и почти полностью уничтожена Александрийская библиотека, которая уже горела во времена Цезаря, и тогда в огне погибло около семисот тысяч томов, но была восстановлена Антонием, распорядившимся доставить в Александрию все книги из Пергама. Феофил, а позднее его племянник и наследник, епископ Кирилл долгое время не трогали Ипатию, которая также старалась публично не выступать против гонения на науку. Ведь славой Александрией была Гипатия. Однако, Гипатия однажды не выдержала и в публичной лекции позволила коснуться богословских взглядов Кирилла, который был образованным человеком, и в свое время даже слушавшим ее лекции, что они расходятся с прежними постановлениями церковных соборов. Это вызвало сильнейшее недовольство Кирилла, так как играло на руку его врагам в борьбе за власть. Ипатию подстерегли, затащили в церковь и там убили, а останки сожгли на площади.

Ипатия родилась в семье знаменитого астронома и математика Теона Александрийского[15]. Он был известен тем, что написал комментарии двум знаменитым книгам – «*Альмагесту*» Клавдия Птолемея[16] и «*Началам*» Евклида[17]. (В некоторых источниках указывается, что эту работу он выполнил при непосредственном участии своей дочери.)

Теон учил математике в Мусейоне[18] – крупнейший культурном и научном центре античного мира, который располагался в египетском городе Александрии[19]. При Мусейоне в храме Серапеума[20] хранились манускрипты, сохранившиеся после того, как римский император Аврелиан[21] разрушил и сжёг знаменитую Александрийскую библиотеку в 273 году.

Теон был приближенным Римского императора Юлиана-Отступника[22], который и нарек его дочь Ипатией в честь Зевса Ипата, главного из языческих богов.

Мать Ипатии умерла родами, и девочка была отдана на попечение кормилицы. Когда дочь подросла, Теон перепоручил ее вос-

---

[15] **Теон из Александрии** (конце IV века ), математик, отец Ипатии.

[16] **Клавдий Птолемей** (87-165), знаменитый александрийский астроном, математик и географ. Он является одной из крупнейших фигур в истории науки. В астрономии ему не было равных на протяжении целого тысячелетия. *Подробнее см. в томе 1 (часть 1, глава 5 «Пантеон»).*

[17] **Евклид** (365-300 до н.э.), величайший математик античности. *Подробнее см. том 1 (часть 2, глава 6 «Пантеон»).*

[18] **Мусейон** в переводе с греческого означает «храм муз», которые покровительствовали наукам и искусству.

[19] **Александрия** – город в дельте Нила, основанный в 332 до н. э. Александром Македонским. Сейчас  главный морской порт и второй по размеру город Египта.

[20] **Серапеум** –храм в Египте, посвященный эллинистическому богу Серапису, который обладал чертами египетского бога Осириса

[21] **Клавдий Луций Валерий Домиций Аврелиан** (214-275), один из активных римских императоров-завоевателей.

[22] **Император Юлиан** был прозван христианами Отступником за то, что он отверг христианство, вернувшись в античное язычество.

питание безродному уродцу Исидору, который жил при его доме, а сам продолжал заниматься своей наукой, практически не принимая участия в ее воспитании. Нужно заметить, что Исидор был неплохим преподавателем – не зря он был учеником Теона, который научил его математике, астрономии, астрологии и философии.

Ипатия буквально схватывала все на лету и к двенадцати годам уже перегнала своего учителя Исидора. Однажды Теон долго беседовал о чем-то с Исидором. Когда тот ушел, отец позвал Ипатию и объявил, что Исидор попросил у него ее руки, и он дал согласие. Занятия Ипатии с Исидором продолжались, но Ипатия поставила условием свою «полную неприкосновенность» до свадьбы. Как ни противилась Ипатия, решение отца было законом, и она ему подчинилась: свадьба состоялась. Однако в первую же ночь Ипатия ворвалась в отчий дом со слезами: она не могла вынести насильственного брака. Она так и осталась в доме отца…

С той поры Ипатия пропала из вида для всех надолго. Все это время она продолжала заниматься наукой – теперь уже под руководством отца. Тот объяснил ей особенности различных религий, обучил искусству красноречия, уделял большое внимание развитию ее независимого философского мировоззрения. Уже в юные годы Ипатия как ученый и оратор затмевала многих.

И вскоре Ипатия достигла такого совершенства, что ей даже предложили занять кафедру философии. И нужно сказать, что она стала настолько известной далеко за пределами своей страны, что поучиться у нее приезжали люди издалека – от Анатолии до Ливии.

И общественные позиции Ипатии окрепли: ее академическая должность давала ей право занимать место в городском совете и участвовать в управлении городом. Она пользовалась чрезвычайно большим авторитетом и уважением среди сограждан.

Но вот в 391 году толпа христиан-фанатиков под руководством патриарха Теофила разрушила Серапеум, большая часть хранившихся в это храме книг была уничтожена. Это привело к тому, что многие видные ученые покинули Александрию, но Теон и Ипатия остались. Для города наступили страшные времена. Христианские проповедники притесняли всех инакомыслящих: неуч, но верующий, был для них более приемлем, чем язычник-ученый.

**Убийство Ипатии.**

Все это вызывало возмущение Ипатии: она понимала, что спасать нужно не конкретные ценности, а уже саму науку и искусство как достояния человеческой культуры.

Отец пытался удержать Ипатию в стороне от политических страстей. Однако из-за своих научных успехов, из-за умения красиво и логично говорить, из-за необычного поведения (она, например, ходила в одежде философа, которую до тех пор носили только мужчины) Ипатия была бельмом на глазу у религиозных фанатиков и просто завистников.

Учиться к ней съезжались юноши из многих стран, в окружении которых она свободно появлялась в обществе. Такое поведение незамужней женщины также ставилось ей в вину. Однако в Александрии большинство людей считало Ипатию воплощением мудрости, к ней прислушивались, ее уважали.

Один из поэтов того времени посвятил Ипатии вдохновенную эпиграмму:

> «Когда ты предо мной и слышу речь твою,
> Благоговейно взор в обитель чистых звезд
> Я возношу, — так все в тебе, Ипатия,
> Небесно — и дела, и красота речей,
> И чистый, как звезда, науки мудрой свет».

К сожалению, невежество и религиозный фанатизм заняли очень прочные позиции у власть предержащих христиан в Александрии. В 409 году римский император издал указ, по которому математика, астрономия и астрологию считались колдовскими науками. Ученых заставляли отрекаться от своих «заблуждений», их работы бросали в огонь...

Но Ипатия от этого указа не пострадала, поскольку даже египетский архиепископ Теофил, будучи фанатичным приверженцем христианства, терпел Ипатию. Ему льстило, что лучшая в то время во всем мире философская школа Ипатии находилась именно в его епархии.

Ипатия вела себя в обществе весьма независимо, ее открытые антирелигиозные высказывания были настолько смелы, что вряд ли кто другой в то время позволял себе говорить так, например:

- Все религии догматичны и лишь вводят в заблуждение, а посему, в конце концов, не могут быть приемлемы для любого уважающего себя человека.

- Сохраняйте способность независимо думать, ибо даже ошибочные мысли лучше, нежели их отсутствие.

- Самое ужасное – это проповедовать фальшивые идеи, выдавая их за правду.

Какая религия может позволить себе терпеть носителя таких мыслей и таких идей?

Но вот в 412 году Феофил умирает, и его место занимает его племянник Кирилл[23]. Он тут же начинает борьбу со светским правителем Египта – наместником Орестом, стремясь сделать Александрию исключительно христианским городом.

Кирилл все больше разжигал вражду христиан по отношению к язычникам. В городе начались погромы, грабежи, была изгнана практически вся иудейская часть населения. Это вызвало возмущение римского наместника Ореста, и он послал жалобу императору.

Кирилл эту жалобу перехватил, но сам при каждом удобном случае выказывал свое миролюбие и пытался склонить Ореста на свою сторону. Однако тот во всеуслышание заявлял, что не позволит архиепископу попирать закон и ущемлять права светской власти. Когда Кирилл понял, что хитростью префекта не подчинить, он решил применить силу. Он призвал в Александрию из пустынных скитов полтысячи монахов-схимников, отличавшихся особой жестокостью. Те однажды подкараулили экипаж наместника  и до полусмерти избили его палками и камнями.

 В городе начались волнения. Даже многие из влиятельных горожан-христиан были недовольны действиями Кирилла.

В один из этих дней Ипатия навестила Ореста, с которым у нее были очень хорошие отношения. Увидев раненного и выбитого из душевного равновесия человека,  Ипатия решила, что дальнейшее ее молчание идет в разрез с ее собственными убеждениями.  Она решила бороться с Кириллом, но не оружием, а своим умом. На са-

---

[23] **Кирилл Александрийский** (376 - 444) , один из Отцов Церкви, создатель ортодоксального учения о Богочеловеке.  Канонизирован христианской церковью. Более всего известен фанатической борьбой с инакомыслием. Наиболее кровавыми эпизодами этой борьбы были организованные им еврейские погромы, избиение наместника Египта Ореста и, наконец, убийство Ипатии. (Тот еще святой!)

мом деле архиепископ Кирилл был достаточно образованным человеком, он любил толковать древних философов. Заметим, что он даже слушал лекции Ипатии!

И вот Ипатия объявила о своей очередной публичной лекции. На этой лекции она почти бесстрастно сопоставляла тексты древних философов с их толкованиями Кириллом, показывая его неправоту. Это был подрыв авторитета не только самого архиепископа, но и христианства как учения.

Кириллу об этой лекции донесли, на что незамедлительно последовала реакция – на дом Ипатии напали, и хотя саму ее не тронули и дом не разграбили, но разбили ее телескоп, в который она наблюдала за звездами...

Но Ипатия, несмотря на угрозы, продолжала читать лекции. И вот однажды в марте, в канун Великого поста, перед христианским праздником Пасхи толпа науськанных Кириллом религиозных фанатиков подстерегла экипаж Ипатии, когда она возвращалась с очередной лекции. Толпа религиозных бандитов, вооруженных палками, камнями, осколками глиняных кувшинов и острыми, как бритва, устричными раковинами, преградила ей дорогу. Ипатию вытащили из повозки, швырнули на землю и поволокли к ближайшему христианскому храму. Там ее стали нещадно избивать, изрезали ее острыми камнями и, а потом изуродованное тело ее поволокли под глумливое улюлюканье по улицам Александрии. Но и этого показалось мало религиозным изуверам: они расчленили ее тело на части и сожгли на кострах на нескольких городских площадях...

Христианская «справедливость» восторжествовала...

Так погибла великая Женщина, первоклассный философ, первая в истории женщина-математик, первая женщина, удостоенная чести возглавить учебную кафедру...

Кирилл за великие заслуги перед христианской церковью был канонизирован, но вероломное убийство Ипатии накладывало несмываемое пятно на житие «святого Кирилла». Чтобы обелить «черного» Кирилла, было два выхода: изобразить Ипатию исчадием ада, либо превратить в христианскую мученицу. Второе оказалось «технически» проще: в «Житии святого Кирилла Александрийского» говорится, что Ипатию убили «ненавидевшие мир мятежники». Но, как говорится, если делать, то делать по-большому: католическая церковь даже причислила Ипатию к лику святых, канонизировав ее под именем святой Екатерины Александрийской.

\* \* \*

Произведения Ипатии до нас не дошли. Есть лишь перечень ее работ в одной из византийских энциклопедий X века. В области научных исследований Ипатия занималась расчетами астрономических таблиц. Ей принадлежат три важных трактата по геометрии, алгебре и астрономии. Наибольшую известность ей принесли комментарии к сочинениям Аполлония[24] и Диофанта[25]. Эти комментарии сделали концепции, изложенные в книгах, более понятными, что результате позволило этим работам пережить много веков.

Хотя Ипатия и при жизни была известна как один из крупнейших философов и математиков своего времени, ее работы игнорировались христианским миром в течение последующих полутора тысяч лет! Лишь много позднее Декарт, Ньютон, и Лейбниц обратили внимание на ее идеи, ссылки на которые были найдены в более

---

[24] **Аполлоний из Перги** (262-190 до н. э.) – один из трех «великих геометров античности» (наряду с Евклидом и Архимедом), живших в III столетии до н. э.

[25] **Диофант Александрийский** (III веке н. э.) – древнегреческий математик.

поздних работах. Этим великим ученым мы обязаны тем, что имя Ипатии заняло достойное место в истории науки.

Ипатия знаменита еще и как изобретатель. Ею были созданы плоская астролябия, которая применялась для определения положения Солнца, звезд и планет, а также планисфера[26] для вычисления восхода и захода небесных светил. Она изобрела также приборы для дистиллирования воды и для измерения плотности воды .

---

[26] **Планисфера** – изображение сферы на плоскости; употреблялась вплоть до XVII века для определения моментов восхода и захода небесных светил.

# Елена Лукреция Корнаро Пископия
## (1646 – 1684)

**Елена Пископия была первой в мире женщиной, получившей ученую степень доктора наук.**

Елена Пископия родилась в Венеции (Италия) в семье знатных родителей. Род Корнаро уходит корнями далекую историю: их предки, Корнелли, в Риме занимали высокие позиции, среди них были и кардиналы и даже Римские папы. Отец Елены, Джованни Баптиста Корнаро, был прокуратором Сан-Марко, одного из центральных районов Венеции.

Священник церкви, к чьему приходу принадлежала семья Корнаро, обратил внимание на одаренную девочку и стал с ней заниматься: с семи лет она начала обучаться азам философии и богословии. Другие приходские священники преподавали ей грамматику, математику, физику и музыку. Уже в детском возрасте она свободно владела латынью и греческим, а позднее в совершенстве овладела испанским, французским, ивритом и древнеарабским, так что не зря ее называли «Семиязычный Оракул» (Oraculum Septilingue).

Она настолько хорошо играла на многих известных тогда музыкальных инструментах – клавикорде[27], арфе и скрипке, ее репертуар был настолько широк, что к семнадцати годам ее считали экспертом в музыке. Кроме того, она уже в юном возрасте сочиняла собственные музыкальные композиции.

Церковное воспитание не прошло даром. Елена стала чрезвычайно религиозной, она даже тайно готовилась к тому, чтобы стать сестрой Бенедектинского Ордена. Узнав о ее намерениях, отец, понимая, что его дочь исключительно талантлива, запрещает ей уйти в монахини, а посылает ее в 1672 году учиться в Университет Падуи. Монахиней она не стала, но много времени уделяла благотворительной деятельности, а затем даже приняла обет послушания, почему никогда впоследствии и не вышла замуж.

Елена не ставила своей целью получения диплома, ей было просто интересно учиться. Однако отец и тут настоял на своем. Через шесть лет Елена подала прошение на докторский экзамен по богословию. Но католическая церковь не могла допустить, чтобы женщина стала доктором богословия – ей отказали. Тогда она подала на экзамен по философии, и на этот раз получила разрешение.

Экзамен Елены Пископии был легендарным событием. Заседание комиссии по приемке экзамена обычно происходило в актовом зале университета, но из-за огромного числа желающих присутствовать на этом экзамене, его перенесли в кафедральный собор Святой Девы в Падуе. Во время экзамена блестящие ответы Елены на все вопросы удивляли и восхищали экзаменаторов и всю аудиторию. Все признали, что знания Елены превосходят требования, предъявляемые соискателям.

В июня 1678 года Елена Лукреция Корнаро Пископия получила диплом доктора философии университета Падуи. Так в 32 года она стала первой в мире женщиной, которой присудили ученую

---

[27] **Клавикорд** – один из средневековых клавишных музыкальных инструментов.

степень доктора. Лишь 70 лет спустя следующая докторская степень была присуждена женщине!

В дополнение к докторской мантии, Елене была удостоена Лаврового Венка Поэта. Елена стала читать лекции по математике в Университете Падуи, что она продолжала до последних дней своей жизни. Одновременно она выполняла и свою монашескую миссию, ухаживая за больными и сирыми.

Ее положение в обществе достигло неимоверных по тем временам высот для женщины. Елена Пископия была избрана членом нескольких европейских академий, а также была выбрана почетным доктором многих университетов.

Елена любила свою преподавательскую работу в университете, но не замыкалась на этом: она участвовала и в научных диспутах, и музицировала в кругу друзей и коллег. Она неоднократно отвергала очень выгодные предложения о замужестве, оставаясь верной своему юношескому обету.

Век этой блестящей женщины был короток — она умерла от туберкулеза, не дожив и до сорока лет... Вся Падуя оплакивала ее смерть.

Похоронили ее, как она и просила в своем завещании, в церкви Святой Жюстины в Падуе.

В кампусе университета Падуи, который она заканчивала и в котором была профессором математики, был сразу же установлен мраморный памятник в ее честь. В год ее смерти университет учредил памятную медаль ее имени, которой награждались лучшие из выпускников.

# Эмили дю Шателе
## (1706-1749)

Эмили дю Шателе была одним из выдающихся математиков восемнадцатого столетия.

Эмили, полное имя которой было Габриель Эмили ле Тоннелье де Бретёй Маркиза ду Шателе-Ломон, родилась в семье придворного аристократа в правление французского короля Луи XIV.

Необыкновенные способности девочки, проявившиеся уже в раннем детстве, побудили ее отца дать дочери прекрасное образование. Эмили быстро освоила латынь, итальянский и английский языки, но основным ее влечением была математика.

И хотя она очень много времени уделяла учебе и чтению, она никогда не была тем, что называется «синий чулок»[28]: она любила

---

[28] «Синий чулок» – пренебрежительное название женщин, всецело поглощенных научными интересами. Выражение возникло в Англии в конце XVIII века и не имело того значения, которое получило позднее. Первоначально оно обозначало кружок лиц обоего пола, собиравшихся в одном известном аристократическом доме для бесед на литературные и научные темы. Душою бесед был один ученый, который носил панталоны с синими

танцы, прекрасно исполняла арии из опер, часто играла на любительских сценах.

Когда Эмили стукнуло шестнадцать, отец представил ее к королевскому двору в Версале. При всем потрясении от аристократического общества, роскоши и великолепия дворца Эмили не потонула в море пустопорожней светской болтовни, а предпочла общение с интеллектуальным кругом, в который входила лишь весьма незначительная часть мужчин.

Согласно тогдашним светским правилам девятнадцатилетняя Эмили была выдана за Маркиза дю Шателе, который был на пятнадцать лет старше ее. Браком по любви этот союз назвать было нельзя, супруги имели мало общего между собой: Эмили наслаждалась парижской жизнью и версальским королевским двором, а ее муж постоянно пропадал на охоте. Эмили «в сжатые сроки» родила трех детей, на чем свои супружеские обязанности посчитала полностью выполненными. Наступила пора «контрактной» семейной жизни – супруги договорились о том, что будут жить, не вмешиваясь в жизнь друг друга.

Нравы высшего света в то время были таковы, что иметь любовников и любовниц было не только не предосудительно, но скорее наоборот. Юная, обаятельная и к тому же красивая Эмили сменяла любовников, «как перчатки». В двадцать четыре года она завела роман с графом де Ришелье[29]. Граф был человеком просвещенным, и они с Эмили постоянно беседовали на литературные и философские темы. Насколько был умен граф видно хотя бы из того, что он не наскучил Эмили в течение года!

Ведя бурную светскую жизнь, Эмили не забывала и про науку, наняв себе нескольких учителей, среди которых были достаточно известные тогда математики и астрономы.

---

чулками, которого и прозвали «Синие чулки». Так что впервые это прозвище впервые «приклеилось» к мужчине, а не к женщине!

[29] **Кардинал Ришелье** (1585-1642), французский священник и государственный деятель, ставший советником короля, затем кардиналом, а впоследствии главным министром короля. Русские читатели знают это имя по роману Александра Дюма «Три мушкетера».

Эмили решила даже посещать регулярные заседания Академии Наук в Королевской Библиотеке в Лувре, но выяснилось, что женщин туда не допускают. И хотя большая часть академических диспутов проходила в своеобразном дискуссионном клубе – кофейне при Лувре, вход женщинам и туда был запрещен!

Тогда Эмили, надев мужскую одежду, пришла все же в кофейню! Ее настойчивость и смелость покорили многих. С этого момента она стала регулярным участником научных диспутов в этой кофейне, прибывая туда всегда элегантно одетой под мужчину.

Весной 1733 года произошло знаменательное событие в жизни Эмили – она встретилась с Вольтером, чье сердце она завоевала навсегда. Вольтер был одним из наиболее ярких и интригующих личностей Франции того времени. К 39 года он был уже широко известным драматургом и поэтом, известным философом и ученым. Когда он встретился с Эмили, той было 28. Это не было встречей совершенно незнакомых людей: Эмили безусловно читала произведения Вольтера, ходила в театры на его пьесы, а Вольтер много слышал о красивой и необыкновенно умной женщине.

Первая же встреча Эмили с Вольтером перевернула жизни обоих. Между ними было очень много общего: встретились две родственные души.

Эмили в своем письме к «любовнику в отставке» графу Ришелье, который был к тому же близким другом Вольтера, писала: «Почему же вы никогда не говорили мне о том, что месье де Вольтер является идеалом мужчины?»

В свою очередь, Вольтер позже писал одному из своих друзей о Эмили: «Все, что связано с ней, благородно: ее вкус, стиль ее писем, ее речь, ее вежливость».

В это время была опубликована книга Вольтера «*Английские письма*», которая была воспринята светом как откровенная и жесткая критика королевской Франции. Издатель был посажен в Бастилию, а Вольтер (хотя книга и была издана без его ведома) вынужден был скрываться. И спрятала его Эмили в Шато-де-Сирей-сюр-Блэз, родовом замке своего мужа.

**Вольтер,**

(урождённый **Франсуа-Мари Аруэ**)

**(1694-1778)**

Один из крупнейших французских философов-просветителей XVIII века, поэт, прозаик, историк, публицист, правозащитник.

В 1746 Вольтер был назначен придворным поэтом и историографом, но, возбудив недовольство г-жи Помпадур, порвал с двором и по приглашению прусского короля Фридриха II переехал в Германию. Не поладив с королем, был вынужден покинуть Пруссию и поселился в Швейцарии, купив имение на границе с Францией. Дружбой с Вольтером гордились такие «просвещённые» монархи, как Российская императрица Екатерина II, Фридрих II (впоследствии примирившийся с ним), король Швеции Густав.

В Париж он вернулся буквально перед самой смертью в 1778 году. Здесь он вскоре и умер в страшных мучениях, болея раком простаты. Когда его племянник пригласил к нему аббата для исповеди и причащения, Вольтер тихо, но внятно произнес: «Дайте мне умереть спокойно».

Боясь, что Вольтера как врага церкви, не похоронят на кладбище, племянник перевез его останки в Шампань, где он был настоятелем. Последний путь Вольтера был весьма необычен: племянник посадил мёртвого дядюшку в халате и ночном колпаке в карету и через двенадцать часов бешеной скачки доставил на место, где Вольтер был предан земле. Запрещение похорон крамольника, выпущенное местным епископом, запоздало: тело уже было предано земле...

Лишь в 1791 Конвент постановил перевести останки Вольтера в Париж, где они и поныне почивает в Пантеоне. (Правда, не обошлось и без инцидентов: в 1814 году банда реакционеров выкрала останки Вольтера из Пантеона и разбросала их по улице.)

Казалось бы уж такая-то ситуация могла возмутить даже светского мужа: любовник его жены живет в его собственном замке! Но на что не закроешь глаза, когда одряхлевший замок нуждался в срочном капитальном ремонте, а у хозяина за душой не было и ломаного франка? Так что, как говорится, ларчик просто открывался: Вольтер одолжил маркизу Шателе 40 тысяч франков под низкий процент и продолжал «арендовать его жену» в его же замке ☺.

Именно тогда, вдали от бурной светской жизни, в тиши средневекового замка, Эмили получила свои наиболее значительные математические результаты.

Вольтер и Эмили собрали библиотеку, которой могла бы позавидовать любая университетская библиотека того времени, – в ней было около 20 тысяч томов, начиная от античных манускриптов и кончая современными изданиями. Вольтер и Эмили проводили все время вместе за чтением и обсуждениями прочитанного.

Эмили вовлекла и Вольтера в круг своих математических интересов. Вольтер писал: «Мы потратили много времени на изучение трудов Лейбница и Ньютона. Мадам дю Шателе сначала объяснила часть результатов Лейбница в своей удивительно хорошо написанной книге «*Основания физики*».

В 1740 году, как только вышла в свет эта книга, один из ее прежних учителей заявил, что в книге содержатся его идеи, которыми он поделился с Эмили в процессе ее обучения. Разгневанная Эмили обратилась с запросом в Академию Наук, откуда ей пришло официальное подтверждение, что содержание книги неоднократно ею излагалось по частям задолго до встречи с ее обиженным наставником.

Однако вскоре, забросив работы Лейбница, она с головой погрузилась в труды Ньютона. Она сделала прекрасный перевод на французский язык книги Ньютона *Математические начала натуральной философии*, добавив свои *Алгебраические комментарии*, которые оказались «не по зубам» для многих даже хорошо подготовленных читателей.

В своем предисловии к этому переводу, опубликованному в 1737 году, Вольтер подчеркнул, что они с Эмили тесно сотрудничали, работая над переводом. Действительно, поля рукописи, подготовленной Вольтером, испещрены замечаниями Эмили, а на полях ее рукописи много замечаний Вольтера.

Они оба были убеждены, что этот перевод – очень важная задача, поскольку книга дает современное понимание законов земного тяготения, оптики и природы света. Завершив эту работу, Эмили взялась за перевод книги Ньютона «*Принципы*», которая была опубликована Вольтером уже после ее смерти.

Годы, проведенные Эмили с Вольтером в родовом замке Шателе, оказались наиболее продуктивными в ее жизни.

Весной 1748 года, любвеобильная Эмили увлеклась маркизом Сен-Ламером, который был весьма заурядным поэтом. Это ее очередное увлечение, однако, не разрушило дружбы с Вольтером. Даже узнав, что она беременна от Сэн-Ламера, Вольтер продолжал ее во всем поддерживать. Более того, он даже помог Эмили убедить ее мужа, маркиза дю Шателе, что тот ожидает именно своего ребенка!

Во время беременности Эмили вела совершенно аскетический образ жизни, целиком посвятив себя работе. Она вставал рано утром и работала до поздней ночи, забросив всяческую социальную жизнь и общение с друзьями.

Осенью 1749 года у нее родилась дочь, о чем Вольтер написал следующее:

> «Малышка прибыла на этот свет, когда ее мамаша сидела за письменным столом, разбираясь в каких-то ньютоновских теориях, поэтому новорожденная была временно положена на четырехтомник по геометрии, пока ее мать привела в порядок бумаги, и затем обе были уложены в постель.»

В течение нескольких дней Эмили была счастлива и спокойна. И вдруг, неожиданно для всех – она умерла … Вольтер, который был у ее постели до последних минут ее жизни, рыдал в отчаянии.

Ей было всего сорок три года...

Как отмечали многие ее современники, несмотря на короткую жизнь, Эмили успела проявить себя как интересный ученый. Ее важнейшими работами являются «*Основания физики*» и перевод «*Принципов*» Ньютона, которые вышли в свет с предисловием, написанным Вольтером.

Вольтер постоянно подчеркивал ум Эмили Шателе, называл ее гением и посвящал ей почти все свои работы, сделанные за время их пятнадцатилетнего романа. Однажды он написал шутливую фразу: «Эмили Шателе была великим человеком, единственным недостатком которого было лишь то, что он был женщиной».

Вскоре после смерти Эмили, Вольтер написал одному из своих друзей: «Она была для меня не любовницей. С ее уходом я потерял половину себя, потерял душу, для которой была создана и моя душа.»

Эмили Шателе помогла формированию современной математики, хотя у нее и не было своих фундаментальных результатов. Сама она однажды написала в одном из своих писем:

«Судите меня по моим личным качествам или по отсутствию оных, но не смотрите на меня, как на приложение к важному чиновнику или к великому учителю, к придворному светиле или к знаменитому писателю. Я личность и сама по себе, полностью ответственная за то, что я из себя представляю, за то, что я говорю и что делаю».

# Мария Гаэтана Аньези
## (1718-1799)

Итальянский математик, натуралист и философ. В 1748 году опубликовала первый в мире учебник по высшей математике «Основания анализа для употребления итальянского юношества».

Мария Гаэтана была первенцем в семье зажиточного дворянина Пьетро Аньези. После нее родилось еще двадцать детей, т.е. семья была достаточно необычной даже по тем временам. (Правда, нужно заметить, что Пьетро был трижды женат.)

Мария-Гаэтана была сызмальства признана чудо-ребенком. С детства она проявляла удивительные способности в изучении языков и философии. В пять лет она говорила на французском и итальянском языках, а к 13 годам уже знала греческий, иврит, испанский, немецкий и латинский языки. Когда ей было 9 лет, она выступила в научном салоне своего отца с пространной часовой речью на латыни на диспуте по вопросу о праве женщин на образование.

Еще в подростковом возрасте Мария освоила математику, которую ей преподавал один известный в то время профессор, работавший в университетах Рима и Болоньи.

Дом Пьетро Аньези был местом сбора известных интеллектуалов того времени. Мария-Гаэтана принимала участие в большинстве полунаучных семинаров, организуемых ее отцом, выступала на них с сообщениями, участвовала в дискуссиях наравне со взрослыми. Однако она была по натуре скромна и участвовала в этих встречах в основном, чтобы угодить отцу.

Это продолжалось до смерти ее матери. Когда та умерла в 1732 году Мария-Гаэтана ударилась в религию и даже просила отца отпустить её в монастырь. Однако ее отец, гордившийся математическими способностями своей дочери, воспротивился этому желанию своей дочери, настаивая на ее научной карьере. Дети в те времена не смели ослушаться родителей, Мария-Гаэтано подчинилась воле отца, но с этого времени стала жить очень замкнуто, избегая общества и посвятив себя целиком изучению математики. Математике она училась у одного известного в то время профессора математики, преподававшего в Риме и Болонье.

INSTITUZIONI
ANALITICHE
AD USO
DELLA GIOVENTÙ ITALIANA
DI D.ᴺᴬ MARIA GAETANA
AGNESI
MILANESE
Dell' Accademia delle Scienze di Bologna.
TOMO I.

IN MILANO, MDCCXLVIII.
NELLA REGIA-DUCAL CORTE.
CON LICENZA DE SUPERIORI.

В собственной миланской типографии Пьетро печатал все сочинения, написанные Марией-Гаэтаной. Первую работу «Философские суждения» («Propositiones Philosophicae») она опубликовала в 1738 году, когда ей не стукнуло и двадцати лет...

Будучи фанатично увлеченной математикой, Мария-Гаэтана решила помочь своим многочисленным братьям и сёстрам постичь эту науку. Работа над «семейным учебным пособием» переросла в написание серьезного научного труда – книги «Основания анализа для употребления итальянского юношества» («Instituzioni analitiche ad uso della gioventú italiana»), которая больше известна под сокращенным названием «Основы анализа». Эта книга – плод десятилетней работы – была опубликована в Милане в 1748 году. При написании этой книги Мария-Гаэтана встретила горячую поддержку и дружеские советы со стороны итальянских математиков Риккати[30].

*Рис. XXX Книга Марии-Гаэтаны Аньези «Основы анализа»*

Появление этой книги вызвало сенсацию в академических кругах Европы. Книга стала образцом ясности и глубины изложения и была переведена на многие языки. Она пользовалась популярностью вплоть до начала XIX века.

«Основы анализа» написаны Марией-Гаэтано Аньези на итальянском языке . Книга состояла из двух томов общим объёмом более тысячи страниц. В первом томе даны геометрические методы Декарта и теория алгебраических уравнений, а во втором систематически изложена теория дифференциального и интегрального исчисления.

По мнению ведущих математиков того времени, книга считалась «наилучшим введением в обширные работы Эйлера».

Здесь же Аньези систематизировала идеи дифференциального исчисления, которое в ту пору проходило пору непростого становления. Дело в том, что среди математиков шли научные споры между последователями Ньютона[31] и Лейбница[32]. Европа разделилась на два лагеря: ньютонианцы доминировали в Великобритании и

---

[30] **Якопо Франческо Риккати** (1667-1754) В его честь названо широко известное в математике дифференциальное уравнение Риккати.) **Винсент Риккати** (1707-1775), итальянский математик, сын Якопо Рикатти. Иностранный почётный член Петербургской АН. Известен как создатель гиперболических функций.

[31] **Исаак Ньютон** (1642-1727), один из велечайших физиков, математиков и астроном всех времен. Автор фундаментального труда «Математические начала натуральной философии», где даны законы Ньютона, заложившие основы классической механики. Он же разработал дифференциальное и интегральное исчисление.

[32] **Готфрид Вильгельм Лейбниц** (1646-1716), немецкий философ, математик, юрист, дипломат. Разработал независимо от Ньютона дифференциальное и интегральное исчисление.

во Франции, а лейбницианцы – в Швейцарии и Италии. Сама Аньези была ньютонианкой, но при этом была хорошо знакома и с методами Лейбница, которые систематически использовала в своих работах. В своей книге Аньезе объединила оба подхода, справедливо заметив, что между ними нет существенной разницы.

Эта работа содержала также изложение аналитической геометрии. В частности, там детально изучена кривая третьего порядка, названная впоследствии «локоном Аньези». Эту кривую, называемую «верзьера», описывал в 1630 году еще Пьер Ферма[33]. Эта кривая называлась «верзьера», что на итальянском записывалось, как «la versiera».

При переводе книги на английский язык Джон Колсон[34], прочитал итальянское название этой кривой с небольшим, казалось бы, искажением, получил «l'avversiera di Agnesi», что в переводе давало уже «женщина, противоречащая ангелу», что, естественно, воспринималось просто как ведьма! (Такая странноватая ассоциация возникла у Колсона, возможно, потому что он был священником.) Так, с легкой руки Джона Колсона на Западе такое наименование – «кривая ведьмы» – и прижилось!

Что же это за кривая? Если сказать, что это кривая третьего порядка, то не математику это ни о чем не говорит. Лучше давайте постоим эту кривую, тем более, что это очень просто. Ведь, на самом деле, лучше один раз увидеть, чем сто раз услышать нудное объяснение.

Из точки O проводится хорда до пересечения с верхней горизонтальной прямой. Отрезок, образованном точками пересечения хорды с окружностью и с прямой строится прямоугольный треугольник , одна сторона которого вертикальна, а вторая – горизон-

---

[33] **Пьер Ферма (**1601-1665), французский математик, один из создателей аналитической геометрии, математического анализа, теории вероятностей и теории чисел. Наиболее известен формулировкой так называемой Великой теоремы Ферма.

[34] **Джонатан («Джон») Колсон** (1680–1760), английский священник и математик, преподававший в Кэмбриджском университете.

тальна. Вершина, принадлежащая прямому углу принадлежит верзьере Аньези. Построение производится для всех возможных положений хорды.

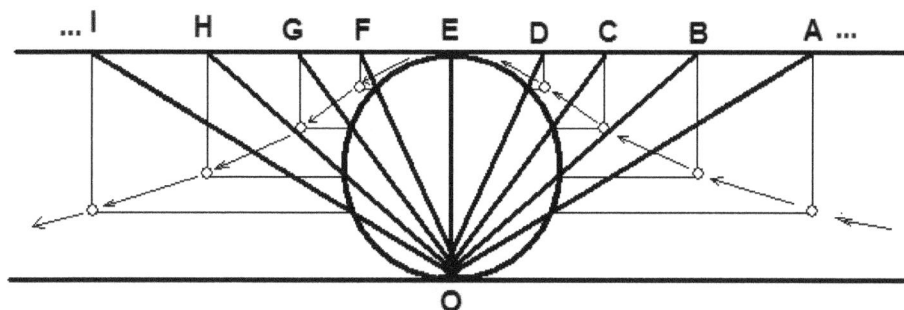

*Построение верзьеры Аньези.*

Сама верзьера Аньези имеет вид, представленный на рисунке ниже.

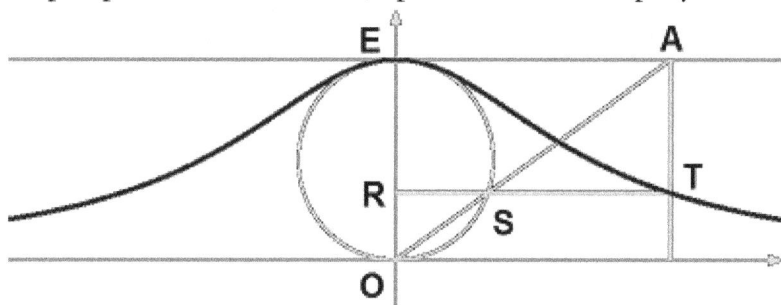

Верзьера Аньези – это геометрическое место точек (на рисунке – одна из них – Т), для которых выполняется соотношение:

$$\frac{OE}{OR} = \frac{RT}{RS}.$$

Естественно, эта кривая имеет и аналитическое представление – она удовлетворяет уравнению:

$$y(x) = \frac{a^3}{x^2 + a^2}.$$

Этот научный труд Марии-Гаэтаны Аньези вышел далеко за рамки «домашнего пособия» и пользовался славой, как в Италии, так и за ее пределами, будучи переведен на многие европейские языки. Книга Аньези оказалась первым систематическим изложением всей тогдашней современной математики.

Учебник был одобрен Французской Академией наук, а римский папа Бенедикт XIV [35] в 1750 году дал ей кафедру математики на только что открытом женском факультете Болонского университета. Она стала первой женщиной-профессором математики.

Кроме чистой математики, Аньези занималась ботаникой, минералогией и астрономией.

Видимо, Пьетро Аньези был «добрым математическим ангелом» Марии-Гаэтаны. Как только он умер, в 1752 году она удалилась от светской жизни и отказалась от любой исследовательской работы по математике. Будучи глубоко религиозным человеком, она посвятила себя давно лелеемой цели – изучению богословия и помощи нуждающимся, посвятив всю свою оставшуюся жизнь бедным, бездомным и больным. После нескольких лет суровой самоотреченной жизни, она присоединилась к монашескому ордену.

Когда в Болонье была открыта женская богадельня, Марию-Гаэтану назначили ее настоятельницей. Она взяла на себя заботу о больных и умирающих женщинах, самоотверженно работая вплоть до собственной смерти.

Умерла она в 1799 году.

---

[35] **Бенедикт XIV,** в миру Просперо Лоренцо Ламбертини (1675-1758) – Римский папа, реформатор и просветитель. Создал Римскую археологическую академию, в Римском университете открыл отделения химии, физики и математики, в Болонье создал специальный факультет для женщин. Поддерживал переписку с самыми выдающимися умами эпохи Просвещения, в частности с Монтескье и Вольтером.

# Каролина Лукреция Гершель
## (1750-1848)

**Английский астроном немецкого происхождения. Первая женщина-астроном, сделавшая много научных открытий.**

Каролина родилась в Ганновере в семье военного музыканта, который стремился дать своим пятерым детям музыкальное образование. Ее старший брат, Вильгельм Гершель[36], даже служил гобоистом в военном оркестре. С ним и оказалась связана судьба лины на долгие годы. В 1755 году Вильгельм был командирован вместе со своим полковым оркестром в Англию. Через два года он ушёл с военной службы ради занятий музыкой.

---

[36] **Фридрих Вильгельм Гершель**, или **Уильям Гершель** (1738-1822), английский астроном немецкого происхождения. Открыл планету Уран в 1781 году, а затем и его спутников. Открыл инфракрасное излучение звезд. Он же позже открыл и спутники Сатурна. В честь Гершеля названы кратеры на Луне и Марсе.

Каролина жила в доме матери в Ганновере и помогала ей вести хозяйство, пока ее старший брат Вильгельм не пригласил ее в 1772 году к себе в Англию, где он получил место учителя музыки.

В первые восемь лет жизни с братом, пока тот ещё занимался музыкой, Каролина выступала в качестве певицы во всех его музыкальных представлениях.

Интерес к теории музыки привёл Вильгельма к интересу к математике, а затем и к астрономии. Он начал сам шлифовать зеркала и конструировать телескопы. Каролина оказалась вовлеченной в новые занятия брата, помогала ему в астрономических наблюдениях, и вела их записи. Она стала постоянной помощницей Вильгельма до самых последних дней его жизни.

Дела у брата шли отлично. Первое и наиболее важное свое достижение Вильгельм сделал в 1781 году – им была открыта планета Уран. Гершель посвятил это открытие английскому королю Георгу III и назвал в его честь Georgium Sidus (хотя это название за новой планетой так и не закрепилось). Английский король, и сам баловавшийся «в свободное от работы время» астрономическими наблюдениями, был польщен и даровал Вильгельму (теперь уже Уильяму) чин Королевского Астронома, снабдив его немалыми средствами для постройки отдельной обсерватории.

С 1782 года Гершель и помогавшая ему в его работе Каролина постоянно

работали над совершенствованием телескопов и астрономическими наблюдениями. Под руководством брата Каролина изучила основы математики и затем самостоятельно обрабатывала свои и его астрономические наблюдения.

Благодаря некоторым техническим усовершенствованиям и увеличению диаметра зеркал, Вильгельм смог в 1789 году изготовить самый большой телескоп своего времени. Усилия не пропали даром: в первый же месяц работы с этим телескопом он открыл спутники Сатурна Мимас и Энцелад, а затем и спутники Урана Титанию и Оберон.

Вскоре Каролина начала самостоятельно наблюдать небо и уже в 1783 году открыла три новых туманности. В 1786 году Каролина Гершель открыла новую комету – первую комету, обнаруженную женщиной. Это была только первая из удач – впоследствии она открыла еще несколько. В 1787 английский король лично назначил ей ежегодный пенсион в размере 50 фунтов стерлингов как ассистенту Королевского Астронома. (Пятьдесят фунтов в то время  были огромными деньгами – вспомните про романы Чарльза Диккенса[37], который жил почти на сто лет позже, что на пару пенсов можно было купить краюху хлеба, которая сейчас обойдется вам не менее, чем в полфунта стерлингов! Это значит, что и за годы от Диккенса до нашего времени английская валюта упала в цене раз в сто, если не больше! А уж о временах Каролины Гершель это были те еще деньги.)

Помимо наблюдений за звездным небом, Каролина составляла и готовила к публикации каталоги звезд и туманностей, многое из которых были открыты ею со своим братом. В 1786 –1797 годы она открыла восемь комет и несколько новых туманностей. В 1798 году ею была представлена Лондонскому Королевскому обществу колоссальная работа: новый каталог звезд в дополнение к лучшему в то

---

[37] **Чарльз Диккенс** (1812-1870), английский писатель, один из величайших англоязычных прозаиков XIX века, классик мировой литературы. Его перу принадлежат такие бессмертные произведения, как *Посмертные записки Пиквикского клуба*, «Оливер Твист», «*Давид Копперфильд*» и другие.

время звездному каталогу Джона Флемстида[38]. В это дополнение включало в себя более 560 звезд, пропущенных Флемстидом (почти 20% от общего числа!), а также все новые туманности, открытые самой Каролиной.

После смерти Уильяма Гершеля в 1822 году, Каролина Гершель вернулась в Ганновер, но не оставила астрономии. К 1828 году она завершила работу над каталогом туманностей и звездных скоплений, открытых Вильгельмом и ею самой (свыше 2500 объектов). За эту работу Королевское Астрономическое общество Великобритании наградило ее Золотой медалью, а в 1835 году избрало её своим почётным членом.

В 1838 году Каролина Гершель была избрана почётным членом Ирландской Королевской Академии наук.

Умерла Каролина в Ганновере в 1848, не дожив менее двух лет до своего столетия....

* * *

В честь Каролины Гершель названы астероид Лукреция и кратер на Луне.

---

[38] **Джон Флемстид** (1646-1719), английский королевский астроном, первый директор Гринвичской обсерватории. Составил каталог положений около 3 тысяч звезд.

# Мари-Софи Жермен
## (1776 – 1831)

**Женщина-математик, которая была одной из ярчайших звезд на математическом небосклоне своего времени.**

Софи Жермен родилась в семье, принадлежащей к либеральной прослойке образованной буржуазии. Род Жермен из поколения в поколение занимался торговлей, и семья ее была достаточно состоятельной. Её отец, Амбруаз-Франсуа Жермен был образованным человеком, в его доме была большая библиотека, в которой было много книг научного содержания. Сам он был всецело поглощен идеями Французской революции, жил активной общественной жизнью, а в 1789 году даже был избран депутатом Ассамблеи.

Поскольку вокруг вовсю бушевала Французская революция, Софи не пускали на улицу, где было слишком опасно. В то же время и дома ей не уделялось должного внимания: родители были поглощены политикой и зарабатыванием денег. Будучи «заброшенным ребенком», Софи с ее врожденной самодостаточностью нашла убежище в отцовской библиотеке. Сначала она самостоятельно выучила латынь и греческий, а в возрасте тринадцати лет заинтересовалась математикой.

Началось с того, что однажды она натолкнулась на книгу Жана Монтукла[39] «История математики», в которой описывалась гибель великого греческого математика Архимеда. Согласно легенде, Архимед накричал на римского легионера, который наступил на его геометрический чертеж, за что завоеватель хладнокровно зарубил старика...

**Убийство Архимеда (Римская мозаика).**

Софи была под сильнейшим впечатлением от прочитанного: Архимед пренебрегает даже опасностью смерти, защищая свой чертеж с каким-то геометрическим доказательством! Она заинтересовалась геометрией и математикой вообще и вскоре, засиживаясь в отцовской библиотеке до ночи, прочитала все книги по математике, которые она там нашла.

---

[39] **Жан Этьен Монтукла**, (1725–1799), французский математик и историк математики.

Однако, родители, узнав о ее увлечении математикой, посчитали его неприемлемым для девушки и делали все возможное, чтобы отвадить дочь от «пагубного увлечения». Ими были предприняты поистине драконовы меры: как только Эмили ложилась спать, ее одежду убирали на ночь, прятали от нее свечи, перестали топить на ночь библиотеку, любыми способами заставляя дочь оставаться в постели, а не читать математические книги.

Но Софи уже нельзя было свернуть с избранного пути: она стала заниматься украдкой по ночам. Когда ее родители уже спали, она в библиотеке, сидя в кресле и завернувшись в одеяло, читала Ньютона и Эйлера.

Но рано или поздно все тайное становится явным. Родители обнаружили непослушание дочери и, поняв, что их дочь «больна неизлечимой болезнью», они позволили ей продолжать занятия математикой. (Более того, ее отец поддерживал ее материально всю жизнь, поскольку Софи никогда не работала и никогда не вышла замуж.)

В 1794 году в Париже была основана Политехническая Школа, по сути дела, некая академия для обучения отечественных математиков и ученых. Женщин в Политехническую Школу не принимали, но Софи, которой тогда исполнилось как раз восемнадцать лет, нашла выход из положения: через друзей она стала получать конспекты лекций по многим курсам, включая курс математического анализа, который читал великий Лагранж[40].

По завершению курса лекций Лагранжа, Софи представила лектору курсовую работу, используя псевдоним «Месье Ле Блан» (это было реальное имя одного из бывших студентов Лагранжа). Лагранж был воистину удивлен качеством работы и захотел увидеть студента, который ее написал. Удивлению Лагранжа не было пределов, когда он узнал, что автор работы – молодая женщина! Увидев необычайные способности Софи, он согласился быть ее неофициальным учителем. Математическое образование Софи, тем не менее, все же было достаточно неорганизованным и даже сумбурным, и она так и не по-

[40] **Жозеф Луи Лагранж** (1736-1813), один из великих французских математиков.

лучила систематического профессионального образования, к которому так стремилась.

При поддержке Лагранжа Софи вошла в круг профессиональных математиков, что было для нее весьма важно, поскольку препятствием для этого был не только ее пол, но и социальный статус: для аристократок обучение наукам и математике было в какой-то мере приемлемым и предназначалось, в основном, для того, чтобы женщина могла поддержать «учёный разговор» в аристократических салонах. Однако Софи «не попадала в обойму» – она принадлежала к среднему классу.

Софи написала письмо Лежандру относительно проблем, затронутых в его «*Эссе о теории чисел*», что послужило началом переписки, которая переросла затем в «виртуальное сотрудничество»: Лежандр включил некоторые из ее идей и соображений во второе издание своей книги.

Однако, наиболее знаменитой является переписка Софи с великим немецким математиком Карлом Гауссом[41]. Софи была буквально заинтригована его работой «*Арифметические исследования*», где тот рассмотрел некоторые проблемы теории чисел, и послала ему некоторые из своих результатов в этой области. В период с 1804 по 1809 год Софи написала Гауссу с дюжину писем, использовав опять все тот же псевдоним «Месье Ле Блан», поскольку опасалась быть отвергнутой великим математиком по причине своего пола. В переписке Гаусс дал высокую оценку ее результатам по теории чисел, сообщая об этом также и в переписке с коллегами.

Софи Жермен в числе многих занималась и доказательством Великой Теоремы Ферма. В частности она открыла, что уравнение Ферма не имеет решения, когда степень уравнения $n$ равна $p-1$, где $p$ — простое число вида $8k+7$, где $k$ натуральное число. . (Например, если $k$ равно 2, то $p$ – простое число, а именно $2 \times 8+7=23$, и $n$ равно 22.) Жермен объяснила своё доказательство Гауссу и заметила:

---

[41] **Карл Фридрих Гаусс** (1777-1855), один из величайших математиков за всю историю человечества. ***Подробнее см. в Части XXX***.

«К сожалению, глубина моего интеллекта уступает моей ненасытности, и я чувствую смущение из-за того, что беспокою гениального человека, не имея по сути ничего стоящего, чтобы предложить его вниманию, кроме восхищения, разделяемого всеми его читателями».

Гаусс на это письмо «Месье Ле Блан» ответил:

«Я в восторге от того, что арифметика нашла в вашем лице такого способного друга. Ваше новое доказательство... весьма изящно, хотя охватывает, по-видимому, довольно частный случай и не может быть применено к другим числам».

Гаусс узнал, кто такой «Месье Ле Блан» только в 1806 году, когда Наполеон Бонапарт вторгся в Пруссию и оккупировал Брауншвейг – город, где родился и жил Гаусс.

В 1806 году Жермен послала письмо Гауссу с генералом Жозефом-Мари Пернети, который был её приятелем. Жермен сказала Пернети, что она боится, как бы Гаусса не постигла та же судьба, что и Архимеда. Пернети велел передать Жермен с посыльным, что Гаусс жив, здоров, но что математик не знает, кто такая Софи Жермен.

В своём следующем письме Гауссу Жермен открывает своё подлинное имя, объясняя причину своей странной мистификации, на что Гаусс ответил ей:

"Как мне выразить свое восхищение и искреннее удивление тем, что я узнал: мой высокочтимый корреспондент по переписке мосье Ле Блан перевоплотился в яркую личность, в существование которой трудно даже поверить. Вкус к абстрактной науке вообще и, прежде всего, к загадочным числам является предельно редким, да и не странно: призывная красота этой вдохновляющей науки открывается только тем, кто обладает смелостью погрузиться в ее пучины. Но если особа того пола, который в соответствии с традициями и предрассудками, встретив несоизмеримо большие преграды, чем мужчина, тем не менее, проникает через тернии наиболее сложных проблем, то она несомненно должна обладать огромнейшей смелостью, совершенно экстраординарным талантом и истинной гениальностью. На самом деле, ничто не сможет доказать мне столь несомненно, что привлекательность этой науки, которая так украсила мою жизнь радостью, не является химерой, как то, с какой любовью вы относитесь к этой науке".

Гаусс был весьма удивлён и обрадован. В письме одному из своих друзей он писал:

«Женщина из-за своего пола и наших предрассудков встречается со значительно более трудными препятствиями, чем мужчина, постигая сложные научные проблемы. Но когда она преодолевает эти барьеры и проникает в тайны мироздания, она несомненно проявляет благородную смелость, исключительный талант и высшую гениальность».

. В 1808 году Софи пишет Гауссу письмо, в котором сообщает, что она доказала, что если $x, y$ и $z$ – целые числа, для которых выполняется условие

$$x^5 + y^5 = z^5,$$

то одно из чисел $x, y$ или $z$ должно делиться на 5. Эта теорема, известная в математике как «Теорема Жермен», по праву считается одним из важнейших математических результатов того времени: она явилась важным шагом на пути доказательства Великой Теоремы Ферма для случая, когда $n = 5$.

Гаусс так никогда и не ответил на это письмо: как раз перед этим он получив позицию профессора астрономии в Университете Геттингена и прекратил заниматься теорией чисел. Однако позже он, сообщая Лежандру относительно самых важных работ Софи Жермен в области теории чисел, особо отметил «Теорему Жермен», написав, что «... она сделала важнейший шаг в доказательстве Теормы Ферма».

К сожалению, теорема Жермен оставалась долгое время неизвестной, пока примерно через 15 лет ее не упомянул Лежандр в своей работе, посвященной тому же вопросу.

Жермен также ввела так называемые теперь «числа Жермен»: это такие числа $p$, что числа $2p+1$ являются простыми. Начальный ряд таких чисел:

**1**

**2**

$2 \times 1+1=3$

$2 \times 2+1=5$

$2 \times 5+1=11$

$2 \times 11+1=23$

$2 \times 14+1=29$

$2 \times 20+1=41$

$2 \times 26+1=53$

$2 \times 41+1=83$

$2 \times 44+1=89$

**и т.д.**

Заметим, что, например, число 13 не входит в число простых чисел Жермен, поскольку $2 \times 13+1=27$ не является простым числом.

Более того, Жермен доказала, что Великая Теорема Ферма выполняется для подмножества простых чисел, являющихся числами Жермен.

В своих исследованиях по теории чисел Софи Жермен опиралась на поддержку и мнение Гаусса. Когда их переписка прекратилась, она стала искать новые задачи и новых наставников. В 1809 году она заинтересовалась темой, которая впоследствии легла в основу одной из самых лучших ее работ. Она пыталась объяснить классические эксперименты немецкого физика Эрнста Хладни[42], исследовавшего колебания упругих пластин.

Эксперимент Хладни заключался в следующем. Он насыпал мелкий песок на стеклянную пластинку, а затем проводил скрипичным смычком по краю пластины, вызывая ее колебания. Песок «под-

---

[42] **Эрнст Флоренс Фридрих Хладни** (1756-1827), немецкий физик и исследователь метеоритов, основатель экспериментальной акустики. Иностранный член Петербургской Академии наук.

прыгивал» на вибрирующих частях пластины, собираясь в тех зонах, которые оставались неподвижными (так называемая «стоячая волна»). Через несколько секунд пластинка покрывалась затейливым рисунком, который зависел и от размера пластинки, и места ее крепления, и от частоты вибрации. Конфигурация рисунка была симметричной и весьма привлекательной: попадались и звездочки, и цветочки, и различного рода паутины...

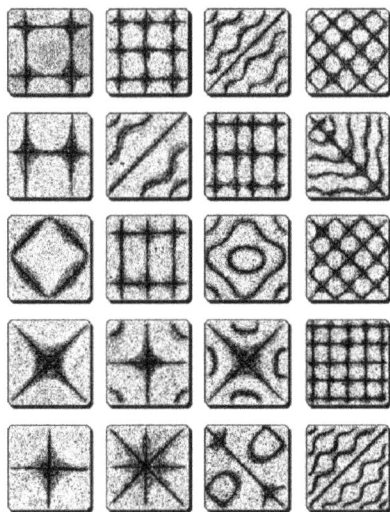

Образцы фигур Хладни.

Во время своего визита в Париж в 1808 году Хладни продемонстрировал свои опыты перед аудиторией из 60 ведущих математиков и физиков Парижской Академии наук. Опыты привели учёных в такое изумление, что они попросили Хладни повторить свои опыты перед Наполеоном. Увиденное произвело такое впечатление на французского императора, что он распорядился учредить специальную золотую медаль весом в один килограмм и присудить её тому, кто сумеет дать теоретическое объяснение опытов Хладни. Конкурс был объявлен в 1809 году со сроком представления работ через два года.

И вот в 1811 году Софи подала анонимно свое видение математической модели рассматриваемого процесса. Ее работа оказалась единственной! (Возможно, многие поостыли после того, как сам Лагранж заявил, что пока еще не существует математического аппарата, способного описать это физическое явление.)

Работа Софи имела ряд «технических» недостатков, а посему не была одобрена жюри конкурса. После конкурса Лагранж, бывший одним из членов жюри, помог Софи устранить недочеты, и работа опять была представлена на конкурс, который был продлен еще на два года. И снова Жермен была единственным его участником!

Она продемонстрировала, как уравнение Лагранжа порождает фигуры Хладни в нескольких простых случаях. Однако она не смогла вывести уравнения Лагранжа из физических законов. На этот раз работа Софи Жермен была удостоена похвальной грамоты учёных Первого класса.

Конкурс был опять продлен, на этот раз до 1815 года... С третьей попытки Софи Жермен получила золотую медаль, хотя некоторые незначительные математические нестрогости в модели все же остались. По неясным причинам она не явилась на церемонию награждения, то ли посчитав, что жюри недостаточно оценило ее работу, то ли потому, что просто не хотела появляться на публике... Определенные основания для обиды у нее были: например, Пуассон, занимавшийся близкими вопросами послал ей лишь немногословное формальное поздравление. Более того, он избегал серьёзных дискуссий с ней и игнорировал её при встречах в обществе.

Вскоре Софи Жермен воспряла духом, встретившись с Жаном Фурье[43]. Нужно сказать, что оба они – и Жермен, и Фурье пострадали из-за соперничества с Пуассоном, и оба одинаково не любили его. Фурье ввел Софи Жермен в парижское научное общество, а затем, благодаря его протекции, она стала первой женщиной, легально посещавшей заседания Парижской Академии наук.

---

[43] **Жан Батист Жозеф Фурье** (1768-1830), французский математик и физик.

В 20-х годах XIX века у Жермен возникли честолюбивые планы: она надеялась усовершенствовать свои доказательства и продолжить ранее начатые работы в области теории чисел. Жермен и Лежандр работали в этой области как равноправные партнёры. Тогда же она также опубликовала обзор своих работ по теории упругости.

В это время Жермен интересовалась различными областями науки и активно общалась с интеллектуальной элитой. Всем импонировали её живой ум, неуёмное любопытство и присущее ей женское обаяние.

Хотя Жермен заведомо заслужила своими научными работами докторской учёной степени, она так никогда её и не получила. В 1830 году даже сам великий Гаусс не сумел убедить совет Гёттингенского университета присвоить ей звание почётного доктора наук.

В 1929 у Софи Жермен обнаружили рак груди... Она проболела два года, и, невзирая на тяжелую болезнь, мужественно продолжала заниматься наукой. Она завершила статью по теории чисел... Буквально перед смертью она набросала философское эссе «*Общие рассуждения о науках и литературе*», закончить которое, однако, не успела. Оно было опубликовано, как и ее последняя статья по теории чисел уже посмертно.

Софи умерла в возрасте 55 лет.

Незадолго до ее смерти Карлу Гауссу все же удалось убедить администрацию Университета Геттингена присудить Софи Жермен почетную степень доктора, однако эта весть уже не застала ее в живых...

\* \* \*

Софи Жермен была не только математиком и физиком, внесшим весомый вклад в теорию чисел и в теорию эластичности. Помимо этого, она была и гражданским борцом с общественными предрассудками своего времени.

В Парижской академией наук была выпущена памятная медаль.

Во дворе парижской школы, которую закончила Софи Жермен и которую впоследствии назвали ее именем, установлен памятник.

# Августа Ада Байрон-Кинг, леди Лавлейс
## (1815-1852)

*Ада Байрон*

Клянусь Дьяволом, что не пройдет и 10 лет, как я высосу некоторое количество жизненной крови из загадок Вселенной, причем так, как этого не смогли бы сделать обычные смертные умы и губы. Никто не знает, какие ужасающие энергия и сила лежат еще неиспользованными в моем маленьком гибком существе.

Ада Байрон, леди Лавлейс, была одной из наиболее интригующих фигур в истории вычислительной техники. Ее жизнь – апофеоз борьбы эмоций и рассудка, поэзии и математики, слабости и энергичности.

Ада Байрон была дочерью великого английского поэта-романтика лорда Джорджа Байрона[44] и его жены Аннабеллы (Анны Изабеллы) Милбанк. Первое имя дочери Байрона было дано ее отцом в честь его сводной сестры Августы Лэй, с которой того связывали более чем родственные отношения, увековеченные в «Стансах к Августе».

Мать Ады развелась с Байроном уже через месяц после рождения дочери, лишив его родительских прав. Имя «Августа Ада» было сокращено до «Ады», чтобы из дома навсегда исчезло упоминание о тезке девочки. Никто из родственников и гостей не должен был упоминать в доме леди Байрон об опальном поэте, а книги его были исключены из семейной библиотеки.

Вскоре Джордж Байрон покинул Англию, отправившись в революционную гарибальдийскую Италию, и никогда уже больше не видел дочери. Он умер, воюя с турками за свободу Греции, когда Аде было всего восемь лет.

Леди Байрон с дочкой переехали в элитный район Лондона, где среди их знакомыми были такие знаменитости, как Чарльз Диккенс[45] и Майкл Фарадей[46].

Мать приложила все усилия к тому, чтобы не позволить Аде пойти по пути ее знаменитого отца, поэтому девочку усиленно обучали математике и музыке.

Леди Байрон твердо верила в то, что математика дисциплинирует мышление и является хорошим противоядием против «беспечности, наивности, тщеславия, фальшивости и лживости», которые, как она опасалась, Ада могла унаследовать от своего отца.

---

[44] **Джордж Гордон Ноэл Байрон** (1788-1824), великий английский поэт, ведущая фигура романтизма.

[45] **Чарльз Джон Хаффам Диккенс**, литературный псевдоним «Боз» (1812-1870), один из крупнейших английских писателей.

[46] **Майкл Фарадей** (1791-1867), один из самых крупных английских физиков и химиков, внесший особо крупный вклад в теорию электромагнетизма и в электрохимию.

Кстати, леди Байрон и сама была сведуща в математике, за что даже заслужила от мужа ироническое прозвище «принцессы параллелограммов».

Вдруг у двенадцатилетней Ады появилась привычка проводить свое свободное время запершись в своей комнате. Леди Байрон крайне встревожилась, подозревая, что вирус поэтического сочинительства заразил и Аду! Несмотря на свои прогрессивные взгляды на личную жизнь дочери, она жестко потребовала у дочери отчета. Смущенная девочка вытащила из-под кровати довольно внушительную стопку исписанных бумаг и отдала ее матери. Оказалось, что бумаги представляли собой не что иное, как проект летательного аппарата собственной конструкции!

Вскоре Ада заболела корью, которую в начале XIX века лечить еще не умели. Девушка стала почти инвалидом, проведя в постели целых три года. Однако, несмотря на болезнь дочери, леди Байрон дала дочери прекрасное домашнее образование. Она пригласила для Ады своего бывшего учителя – выдающегося шотландского математика профессор математики Лондонского университета Огастеса де Моргана. Тот уже за несколько первых занятий буквально очаровал Аду поэзией математики.

Но еще более важным оказалось то, что женой де Моргана была знаменитая в тогда Мэри Соммервиль[47], которая перевела в свое время с французского на английский *Трактат о небесной механике* Пьера Лапласа, где содержались комментарии с множеством ее собственных оригинальных идей. Кроме того, она также написала учебник по математике для Кэмбриджского Университета. В руках такого педагога математический талант Ады бурно расцвел. Она была без ума от своего педагога, а та полюбила свою ученицу. Они остались друзьями на всю жизнь: переписка между ними продолжалась в течение 20 лет, вплоть до ранней смерти ученицы...

---

[47] **Мэри Соммервиль** (1780-1872), шотландский математик, внесшая большой вклад в научное образование. Её называют «королевой науки XIX века». Первый ее научный труд «*О магнитной силе преломляющихся солнечных лучей*» представил в Королевское общество её муж, так как женщины не имели туда доступа.

Наконец продолжительные болезни остались позади, а когда Аде исполнилось семнадцать лет, она стала выезжать в свет и даже была представлена королю и королеве. Леди Байрон рассчитывала, что на одном из балов ее дочь встретит человека, которому сможет посвятить свою жизнь. Так оно и получилось.

Однако судьба распорядилась по-своему. Однажды во время званого обеда в доме де Морганов юная мисс Байрон впервые услышала имя Чарльза Бэббиджа, а спустя несколько недель, они впервые увиделись.

Однажды де Морган во время визита в лабораторию Бэббиджа захватил с собой Аду и представил ее хозяину. Тот увлеченно рассказал Аде о своей машине, заинтриговав любознательную девушку универсальностью идеи. Предполагалось, что машина Бэббиджа могла бы производить вычисления с огромной для того времени точностью.

В высшем свете в то время было модно обсуждать чудо-машину Бэббиджа, а у великосветских дам считалось непременным ритуалом посещение лаборатории ученого. Но в Аде не было просто праздного любопытства посмотреть на диковинку. Вот как описывает Огастес де Морган первую встречу Ады с «компьютерным мамонтом»: «Пока часть гостей в изумлении глядела на это удивительное устройство глазами дикарей, первый раз увидавших зеркало, мисс Байрон, совсем еще юная, смогла понять работу машины и оценила большие достоинства изобретения».

Поглощенность Ады Байрон и Чарльза Бэббиджа наукой связала их на всю жизнь, хотя их отношения никогда не выходили за рамки делового сотрудничества. Возможно, этому было и свои объяснения: Чарльзу Бэббиджу было в то время 42 года, а Аде едва стукнуло 18. Ада была ровесницей его рано умершей дочери. Возможно, это наложило теплые, почти родственные отношения между ними.

На момент знакомства Ады с Бэббиджем, тот занимал кафедру профессора математики Кэмбриджского университета – ту, самую, которую когда-то за полтора века до него возглавлял сэр Исаак Ньютон.

Описание своей дифференцирующей машины Бэббидж закончил за несколько лет до того, как возглавить кафедру. Чертеж с многочисленными валиками и шестеренками, которые приводились в движение вручную при помощи рычага, лег на стол премьер-министра Англии. В 1823 году была выплачена первая субсидия на постройку первой в мире вычислительной машины. Конструирование этой машины продолжалось добрых десять лет, конструкция ее все более усложнялась, конца-края работе было не видать, а посему в 1833 году финансирование было прекращено.

В 1835 году мисс Байрон вышла замуж за двадцатидевятилетнего Уильяма Кинга, который вскоре унаследовал титул лорда Лавлейс. Аду стали величать «леди Лавлейс».

В свете она пользовалась большим успехом, не только благодаря своей красоте, но и своему искрометному уму. Высшее общество Лондона провозгласило ее «Диадемой круга».

Вскоре у нее появилось трое детей-погодков. Но ни муж, ни малые дети не мешали Аде отдавать себя целиком тому, что она считала своим призванием. Между Бэббиджем и Адой – теперь уже Кинг, началась бурная переписка, в которой обсуждались различные проблемы математической логики, связанные с идеей построения вычислительной машины. Первое письмо Бэббиджу было написано Адой в 1836 году, когда она была беременна первым сыном – Байроном Ноэлем. А продолжалась эта переписка до самой смерти Ады.

Не доведя до воплощения свою «дифференцирующую машину», Бэббидж взялся за создание нового вычислительного устройства, которое представляло собой механическую универсальную цифровую вычислительную машину с программным управлением. Впоследствии за ней закрепилось название «Аналитической машины Бэббиджа». Однако Парламент отказал изобретателю в финансовой поддержке, поскольку он за 10 лет не завершил и своего первого проекта.

Как водится, «нет пророка в своем отечестве» – Бэббидж был вынужден отправиться «с проповедью» на континент.

В 1842 году молодой итальянский инженер Луиджи Менабреа[48], присутствовавший на лекции Бэббиджа, опубликовал в Женеве на французском языке статью «*Элементы аналитической машины Бэббиджа*». Бэббидж попросил Аду перевести статью на английский. Она затратила на этот перевод неимоверно много времени – аж целых девять месяцев! Как оказалось, она не просто сделала перевод, но и сопроводила его своими комментариями, которые оказались по объему раза в три больше исходного текста! Комментарии эти были столь глубоки и детальны, что затмили саму статью, а впоследствии прославили Аду Байрон. Именно эти комментарии дают нам полные основания называть Аду Байрон первым в мире программистом.

В числе прочего Ада сообщила Бэббиджу, что составила план операций для аналитической машины, с помощью которых можно решить уравнение Бернулли, которое выражает закон сохранения энергии движущейся жидкости. Этот «план операций» и явился самой первой в мире компьютерной программой! «Аналитическая машина, – писала Ада, – сможет ткать алгебраические формулы, как станок Жаккарда[49] способен ткать рисунки в виде цвецветов и листьев».

**Модель Аналитической машины Бэббиджа**

---

[48] **Луиджи Федериго Менабреа** (1809-1896), итальянский математик, механик, военный инженер. Профессор математики в Университете Турина. Был премьер-министром объединённой Италии.

[49] **Станок Жаккарда** – первый ткацкий станок с программным управлением, осуществлявшимся с помощью первых в мире перфокарт.

В одном из примечаний Ада рассматривает «склад» (запоминающие устройства) аналитической машины, куда можно записывать, где можно хранить и откуда можно извлекать любые числа, включая и промежуточные результаты вычислений.

Бэббидж был буквально потрясён глубиной мысли Ады и писал ей: «Чем больше я читаю ваши записки, тем более они меня захватывают». После этих комментариев Ады Бэббидж стал называть её в переписке «мой дорогой Интерпретатор». Оказалось, что Ада не только поняла принцип работы аналитической машины на уровне её создателя, но и сумела изложить все идеи ясно и обоснованно, во многом их развить, что неоднократно признавал сам Бэббидж.

По определению Ады Лавлейс, аналитическая машина представляет собой воплощение науки об операциях и сконструирована специально для действий над абстрактными числами как объектами этих операций.

«Под словом операция, — писала она, — мы понимаем любой процесс, который изменяет взаимное отношение двух или более вещей, какого бы рода эти отношения ни были. Операционный механизм может быть приведён в действие независимо от объекта, над которым производится операция. Этот механизм может действовать не только над числами, но и над другими объектами. Предположим, например, что соотношения между высотами звуков в гармонии и музыкальной композиции поддаются такой обработке — тогда машина сможет сочинять искусно составленные музыкальные произведения любой сложности или длительности».

Это замечание Ады Байрон просто удивительно: она предсказывает интеллектуальные способности вычислительной машины. Ей же принадлежат и следующий футурологический прогноз, который её современникам казался совершенно немыслимым:

«Суть и предназначение машины изменятся от того, какую информацию мы в неё вложим. Машина сможет писать музыку, рисовать картины и покажет науке такие пути, которые мы никогда и нигде не видели».

В одном из писем 1843 года в письме Ады к Бэббиджу промелькнула фраза:

«Я хочу ввести в одно из моих примечаний пример вычисления чисел Бернулли в качестве демонстрации того, как неявная функция может быть вычислена машиной без предварительного решения с помощью головы и рук человека».

А спустя девять дней Ада уже сообщает Бэббиджу, что она «...составила список операций для вычисления каждого коэффициента для каждой переменной. Я – дьявол или ангел. Я работаю подобно дьяволу для Вас, Чарльз Бэббидж; я просеиваю Вам числа Бернулли...». Фактически она написала программу для вычисления чисел Бернулли, которая, по мнению большинства специалистов, и была первой компьютерной программой в истории.

Однако Ада понимала и истинные возможности машины. Она однажды в письме Бэббиджу написала: «Машина – не Творец. Она – лишь слуга, послушный приказам господина».

\*\*\*

Ада умерла в возрасте 37 лет от кровотечения после неудачной операции по поводу рака матки. Она повторила судьбу отца, лорда Байрона, который умер тоже тридцати семи лет и тоже от кровотечения, последовавшего за операцией. Она не успела достичь многого, к чему стремилась.

Ада Лавлейс ни разу в сознательном возрасте не видела своего великого отца Джорджа Гордона Байрона...

Конечно же, Аде были хорошо известны строки из знаменитейшей поэмы ее отца «Чайльд-Гарольд». Третью часть своей поэмы он посвятил дочери:


I

Дочь сердца моего, малютка Ада!

Похожа ль ты на мать? В последний раз,

Когда была мне суждена отрада

Улыбку видеть синих детских глаз,

Я отплывал – то был Надежды час.

И вновь плыву, но все переменилось.
Куда плыву я? Шторм встречает нас.
Сон обманул... И сердце не забилось,
Когда знакомых скал гряда в тумане скрылась.

........

**Лорд Байрон.**

### 115

Дочурка Ада! Именем твоим
В конце я песнь украшу, как в начале.
Мне голос твой неслышен, взор незрим,
Но ты мне утешение в печали.
И где б мои стихи ни прозвучали, –
Пускай нам вместе быть не суждено, –
Из чуждых стран, из замогильной дали
К тебе – хотя б мой прах истлел давно –
Они придут, как вихрь, ворвавшийся в окно.

### 117

И все же ты со мною, ты не с ними,
Ты будешь, ты должна меня любить!
Пускай они мое бесчестят имя,
Сведут в могилу, – им не разрубить
Отца и дочь связующую нить.
В дочерних венах всей их камарилье
Кровь Байрона другой не заменить.

И как бы тень мою ни очернили,
Твоя любовь придет грустить к моей могиле[50].

Ада Байрон была погребена в Ноттингеме в Церкви Св. Марии Магдалины в фамильном склепе рядом с могилой своего отца, с которым она так никогда и не встретилась при жизни. Так отец и дочь оказались рядом только после смерти...

Газета «*Лондон Экзаминер*» писала в некрологе: «Манеры Ады Лавлейс, ее вкус, ее совершенство были женственны в самом лучшем смысле этого слова, и не слишком проницательный человек вряд ли когда-либо мог предугадать, какой характер и какой ум спрятаны в этой грациозной женщине».

\* \* \*

В наше время имя Ады Байрон-Лавлейс вошло в историю вычислительной техники. Недавно один из специальных языков программиро-

---

50 В переводе В. Левика. **Вильгельм Вениаминович Левик** (1907-1982), один из крупнейших мастеров и основоположников советской школы поэтического перевода, открывший миллионам русско-говорящих читателей лучшие творения европейской поэзии (Шекспир, Байрон, Шелли, Гете, Шиллер, Гейне, Бодлер, Верлен, Рембо и многие другие).

вания, созданных в Министерстве обороны США, был назван «Ада» в ее честь...

В день рождения Ады Байрон – 10 декабря ежегодно отмечается Международный День программистов.

**Церковь Св. Марии Магдалины в городе Хакнол (Ноттингемшир, Англия), где находится семейный склеп Байрона.**

# Софья Васильевна Ковалевская
## (1850-1891)

Первая в мире женщина-профессор, работавшая в Стокгольмском университете

За открытие случая разрешимости задачи о вращении твёрдого тела вокруг неподвижной точки получила премии Парижской и Шведской академий наук и была избрана членом-корреспондентом Российской академии наук.

Софья Ковалевская родилась в Москве в семье артиллерийского генерала Корвина-Круковского, занимавшего должность начальника арсенала. Отец Софьи, Василий Васильевич, получив свидетельство о дворянстве, наследовал двойную фамилию, восходящую к венгерскому королю Матвею Корвину, правившему еще в 15 веке, и к старинному польскому аристократическому роду Круковских, занимавших заметное положение в Великом Княжестве Литовском. Мать Софьи, Елизавета Федоровна принадлежала дворянскому роду Шубертов[51].

Родители Софьи были высокообразованными людьми, принадлежавшими к российской аристократии. Ее мать была отлично музицировала.

Когда Соне было шесть лет, отец вышел в отставку и поселился в своем родовом имении Палибино, в Витебской губернии. Девочке для занятий наняли учителя. Кроме того, большое влияние на нее производили беседы с братом отца, Петром, который был весьма сведущ в математике. Когда Софье было одиннадцать лет, во время ремонта из-за недостатка обоев ее комнату временно оклеили литографскими листами лекций Остроградского[52] по дифференциальному и интегральному исчислению. Она позже писала: «Я заметила, что кое-что на этих страницах мне было немного знакомо из бесед с моим дядей. Я с интересом пыталась разобраться во всех этих иероглифах, смысл которых мне был непонятен, но которые, должно быть, были мудрыми и интересными.»

В тринадцать лет Софья проявила недюжинные способности в алгебре и геометрии. Но отец прекратил дальнейшие ее занятия, полагая, что математика – вовсе не женское дело. Тогда Софья тайно попросила учебник по алгебре у одного из своих прежних учителей и продолжала «подпольное обучение» по ночам.

Спустя год, сосед семьи Корвиных-Круковских, преподаватель математики и физики в местной школе, подарил родителям Софьи написанный им учебник физики. Когда Софья дошла до раздела по оптике, она столкнулась с тригонометрией, с предметом, о котором она не имела никакого понятия. «Ученый сосед» был

---

[51] **Федор Иванович** (**Фридрих Теодор**) **Шуберт** (1758-1825), русский астроном, академик Петербургской Академии наук. Прадед Софьи Ковалевской. Его сын, дед Софьи, **Федор Федорович Шуберт** (1789 - 1865), русский ученый, генерал от инфантерии. Участник Отечественной войны 1812 года. (К композитору Францу Шуберту отношения не имеют!)

[52] **Михаил Васильевич Остроградский** (1801-1862), украинский математик и физик, считается учеником Леонарда Эйлера и ведущим русским математиком своего времени.

настолько поражен, что Софья совершенно самостоятельно изобрела те же методы расчета синусов, которые были разработаны в современной математике, что даже назвал ее «новым Паскалем». Четыре года он убеждал отца Софьи, что ее надо послать учиться в Петербург, пока, наконец, тот не согласился.

Софья стала брать частные уроки по аналитической геометрии и высшей математике. Предметы легко ей дались всего за один семестр. Преподаватель был поражен скоростью, с которой его ученица усваивала материала, порой ему казалось, что она уже знала все наперед. В своих мемуарах Софья писала о том периоде своей жизни: «И на самом деле, многое из того материала было мне знакомо с формальной точки зрения еще с тех времен, когда я читала тексты на стенах своей спальни в детстве.»

Закончив курс частных занятий в 1867 году, Софья решила продолжить образование, но поскольку в России двери университетов были закрыты для женщин, единственным способом осуществить ее мечту была поездка в Европу.

Однако, эта проблема оказалась неразрешимой: женщины в тогдашнем российском обществе были абсолютно зависимы от мужчин. По закону, женщина имела право путешествовать, только получив разрешение от отца или мужа. Генерал Корвин-Круковский, отец Софьи, был непреклонен в своем решении не пускать дочь за границу для продолжения образования. Единственным способом пробить стену представлялось выйти замуж за такого человека, который разрешит ей уехать за границу.

По совету старшей сестры[53], которая была страстной феминисткой, Софья нашла «фиктивного мужа» – 26-летнего студента-палеонтолога Владимира Ковалевского, за которого она вышла замуж, едва ей исполнилось 18 лет. Этот брак решил все проблемы:

---

[53] **Анна Корвина-Круковская Жаклар** (1843-1887), русская революционерка и писательница, участница Парижской Коммуны 1871 года. Она была другом и даже предполагавшейся невестой Федора Достоевского. Есть версии, что она является прототипом образа Аглаи в романе Достоевского «*Идиот*».

Софья вместе с мужем в 1869 году покинула Россию: она поехала в Германию, в Гейдельберг, а ее муж – в Вену.

Однако в Гейдельбергском Университете женщинам тоже было отказано в праве посещать классы! Софья добилась согласия двух профессоров посещать их лекции неофициально. Она успешно проучилась три семестра, поражая своих учителей необычайными математическими способностями.

После немногим более года обучения в Гейдельбергском Университете, жажда знаний в Софье лишь окрепла. В 1871 году Софья решила продолжить обучение в Берлинском Университете, где в то время блистал Карл Вейерштрасс[54], один из самых ярких математиков того времени. Вейерштрасс поначалу не воспринял Софью серьезно. Он решил побыстрее от нее отделаться и дал в качестве теста несколько предельно сложных проблем для решения, какие он обычно предлагал только очень сильным студентам. Каково же было его изумление, когда всего через неделю, Софья принесла ему все решения, которые были не только правильны, но и оригинальны, а в некоторых случаях просто великолепны! Поняв, что в его руки попал истинный гений, Вейерштрасс начал предпринимать шаги, чтобы добиться разрешения для Софьи посещать его лекции.

Но увы! Если в Гейдельберге посещение лекций женщинами было предельно затруднено, то в Берлине это оказалось просто невозможным... Университетский Совет отклонил просьбу даже самого Вейерштрасса. Тогда он предложил Софье заниматься с ним вне стен университета и стал давать ей конспекты своих лекций и, более того, – он делился с ней даже еще неопубликованными работами. Софья занималась с Вейерштрассом около четырех лет. Она писала впоследствии: «Эти занятия оказали серьезнейшее влияние на всю мою дальнейшую математическую карьеру. Они определили для меня окончательно и бесповоротно направление, которому я должна следовать в своей научной работе: все, что я делала, отвечало духу Вейерштрасса».

---

54 **Карл Теодор Вильгельм Вейерштрасс** (1815-1897), немецкий математик, которого часто называют «отцом современного математического анализа».

Софья Ковалевская стала ближайшим другом Карла Вейерштрасса – они встречались и переписывались на протяжении всей жизни. Софья Васильевна была единственной женщиной растопившей ледяное сердце старого холостяка...

Весной 1874 года, Софья закончила три статьи: об уравнениях в частных производных, об Абелевых интегралах и о кольцах Сатурна. Вейерштрасс был убежден, что каждая из статей представляла собой законченную докторскую диссертацию. При поддержке своего учителя, Софья защитила докторскую диссертацию по математике. Работа настолько поразила университетский ученый совет, что ученая степень была ей присуждена без сдачи необходимых экзаменов («in absentia»), а сама работа была принята «summa cum laude»[55], и Ковалевская получила диплом от Университета Геттингена.

Ее диссертация «К теории дифференциальных уравнений в частных производных», как выяснилось, обобщала ранее доказанную теорему знаменитого французского ученого Огюстена Коши. Этот результат и вошел во все курсы математического анализа под названием «теорема Коши – Ковалевской». Большой интерес представлял приведенный в диссертации разбор простейшего уравнения (уравнения теплопроводности), в котором Софья Васильевна обнаружила существование особых случаев, сделав тем самым значительное открытие.

Софья Ковалевская стала первой в мире женщиной, удостоенной докторской степени по математике. Вейерштрасс называл ее своей самой талантливой ученицей и продолжал внимательно следить за ее научной карьерой всю жизнь.

Несмотря на научную степень и восторженные рекомендации Вейерштрасса, Софья не смогла получить никакой официальной «позиции» в академическом мире. Оказалось, что пределом ее возможностей являлось преподавание арифметики в элементарной школе.

Тогда она решила вернуться в Россию вместе с мужем, где начала новую жизнь, проявив себя как поэт, театральный критик, журналист и писатель. В 1876 году она стала в Санкт-Петербурге со-

---

[55] С высшими почестями. (Лат.)

трудничать в газете «Новое время», выступая как научный обозреватель и театральный критик, но на следующий год ушла оттуда, когда газета изменила либеральному курсу.

Роман Ковалевской «*Вера Баранцова*» был восторженно принят читателями и даже был переведен в Европе. Впоследствии Софья писала: «Что до меня касается, то я всю мою жизнь не могла решить: к чему у меня больше склонности – к математике или к литературе?»

В течение последующих пяти лет, Софья вела спокойную для внешнего наблюдателя жизнь: фиктивный брак с Владимиром перерос в обычный, в октябре 1878 года у них родилась дочка, которую назвали, как и ее маму, Соней.

В 1880 году Ковалевская переехала в Москву. В это время знаменитый русский математик Пафнутий Чебышев приглашает ее представить статью на научную конференцию в Швецию. Хотя Софья не занималась наукой уже несколько лет, она представила работу по Абелевым интегралам, ту, что она писала под руководством Вейерштрасса. Статья имела огромный успех.

Однако в Московском университете ей не разрешили сдавать магистерские экзамены. Тогда она уехала сначала в Германию, а затем во Францию, пытаясь получить место профессора на Высших женских курсах в Париже. В 1883 году она вернулась в Россию и в том же году, получив приглашение шведского математика Миттаг-Леффлера[56], согласилась занять должность приват-доцента в Стокгольмском университете.

Перед отъездом в Швецию, Софья тайно навестила в Берлине Вейерштрасса, который поддержал ее решение продолжить занятия наукой. Однако в результате отъезда Софьи в Швецию, ее и без того не очень-то прочный брак окончательно распался.

---

[56] **Магнус Густав (Гёста) Миттаг-Леффлер** (1846-1927), шведский математик. Профессор университетов в Гельсингфорсе и Стокгольме. Основал один из крупнейших математических журналов того времени – «Acta Mathematica».

Владимир Ковалевский, муж Софьи, с которым она не жила уже более двух лет, был вовлечен в какие-то финансовые махинации, за которые ему грозило тюремное заключение, и в 1883 году покончил жизнь самоубийством.

Оправившись от шока после самоубийства мужа, Софья с головой погрузилась в математику, стараясь этим заглушить свое чувство вины перед погибшим. Не имея возможности взять к себе дочку, она решила оставить ее временно на попечительство своих друзей в России.

В 1883 году Софья, начав читать лекции в Стокгольмском Университете, сначала на немецком языка, а уже через полгода перешла на шведский. Она сразу же зарекомендовав себя с самой наилучшей стороны и в конце первого года ей сообщили, что она назначена профессором сроком на пять лет. В течение этого времени она прочла 12 различных курсов по математике.

За годы, проведенные в Стокгольме, Софья сделала свои наиболее серьезные научные работы. Кроме того, она стала редактором одного из самых престижных журналов того времени «Acta Mathematica». Это был первый случай, когда женщина заняла такое положение. К ней было приковано всеобщее внимание, и она решила начать писать воспоминания и пьесы, продолжив тем самым увлечение своей молодости.

В 1888 году Софья приняла участие в конкурсе на «Приз Борден» Французской Академии Наук. Ее работа называлась *Задача о вращении твердого тела вокруг неподвижной точки* и касалась классической проблемы, которой занимались до нее Эйлер, Лагранж, Пуассон и Якоби[57]. Софья взялась за наиболее сложный случай и получила результаты, поразившие ее современников красотой и элегантностью решения.

В это время в ее жизнь вошел новый мужчина – Максим Ковалевский, родственник ее бывшего мужа. Он приехал в Стокгольм для чтения лекций, они встретились с Софьей и полюбили друг в друга. Несмотря на то, что Софья буквально разрывалась на части

---

[57] **Карл Густав Якоб Якоби** (1804-1851), великий немецкий математик и учитель.

между математикой и Максимом, она вовремя завершила работу над статьей на «Приз Борден». Для соблюдения беспристрастности оценки представленных 15 работ, все они были представлены анонимно под девизами. Одна из работ выглядела столь убедительно, что жюри решило повысить сумму денежной премии с трех до пяти тысяч франков. Оказалось, что это была работа Софьи Ковалевской.

В декабре 1888 года Парижская академия известила Ковалевскую о том, что ей присужден «Приз Борден». Президент Парижской Академии наук, вручавший приз, сказал: «Члены совета нашли, что работа Ковалевской свидетельствует не только о глубоких и широких знаниях, но и демонстрирует удивительнейшую изобретательность ее ума».

Ковалевская поселилась близ Парижа, решив продолжить исследования по той же теме в связи с объявленным конкурсом Шведской Академией наук. За эту работу Ковалевской была присуждена Премия короля Оскара II с денежным призом в тысячу пятьсот крон. После победы в этом конкурсе она была назначена заведующим кафедрой механики в Университете Стокгольма – первый подобный случай в истории всех европейских университетов. Получив прочную позицию, Софья забрала, наконец, дочку к себе.

В том же году по представлению Чебышева и при поддержке Буняковского[58] Ковалевская была избрана членом-корреспондентом Российской Академии наук. Она и здесь стала первой женщиной удостоенной такой чести. Однако, и это не давало ей шансов преподавать и работать в университете на родине!

Более того, в апреле 1890 года Ковалевская приехала в Россию в надежде, что ее изберут в члены академии на место умершего Буняковского. Когда она пожелала, как член-корреспондент, присутствовать на заседании Академии, ей ответили, что пребывание женщин на таких заседаниях «не в обычаях Академии».

Большей обиды, большего оскорбления не могли нанести ей в России. В сентябре она вернулась в Стокгольм.

---

[58] **Виктор Яковлевич Буняковский** (1804—1889), знаменитый русский математик. Вице-президент Российской Академии наук.

Возникли и проблемы личного плана: Софья и Максим были настолько увлечены своей работой, что никто из них не хотел ею пожертвовать. Работа заставила Максима переехать во Францию, и он хотел, чтобы Софья, бросив столь трудно доставшуюся ей работу, стала просто его женой. Софья наотрез отказалась от этой идеи, хотя очень болезненно восприняла разлуку с любимым человеком. Она приезжала к нему во Францию на лето, но, тем не менее, эти обстоятельства повергали ее в тяжелую депрессию.

Осенью 1889 года она вернулась в Стокгольм. И, несмотря на частые поездки во Францию, она не никак могла пережить разлуку с Максимом.

Во время поездок во Францию она, под влиянием Максима, опять взялась за перо. Она написала *Воспоминания детства* и повесть *Нигилистка* (хотя эта повесть осталась незавершенной). В последние два года своей жизни она написала еще два романа *Сестры Раевские* и *Вера Воронцова*, которые были высоко оценены литературной критикой. Все были потрясены таким разнообразием интересов Софьи и ее глубочайшим профессионализмом в таких, казалось бы, далеких областях – математике и литературе. Софья писала, отвечая на это:

> «Я понимаю ваше удивление, как это возможно одновременно заниматься математикой и писать. Многие, кому не приходилось узнать, что же такое математика, путают ее с арифметикой и рассматривают ее как сухую науку. На самом же деле, это наука, требующая от человека огромного воображения, поэтому совершенно прав один из выдающихся математиков нашего века, заявивший, что невозможно быть математиком, не будучи в душе поэтом».

Здесь Софья Ковалевская приводит известный афоризм своего учителя Карла Вейерштрасса: «Математик, который немного не поэт, никогда не станет настоящим математиком».

Разносторонние интересы Софьи свели ее с многими хорошо известными учеными, писателями и политическими деятелями того времени. Как уже упоминалось, она была лично знакома с многими выдающимися европейскими математиками. В числе ее знакомых были и такие яркие личности, как Джордж Мари Энн Эванс[59], Хенрик Ибсен[60], Федор Достоевский[61], Антон Чехов[62], Чарльз Дарвин[63], Томас Хаксли[64], Петр Кропоткин[65], и другие.

*  *  *

Софья Ковалевская умерла неожиданно в 1891 году от воспаления легких, последовавшего после перенесенного вирусного гриппа во время одного из своих частых визитов в Париж. Она была в самом расцвете своего математического таланта и славы.

Если перечислить все достижения Ковалевской, все ее успехи, дела и награды, вспомнить почести, оказанные ей научным миром, трудно поверить, что эта женщина прожила на Земле всего сорок один год.

Говорят, что последние слова Софьи Ковалевской были: «Слишком много счастья».

*  *  *

---

[59] **Мари Энн Эванс**, известная под литературным псевдонимом «**Джордж Элиот**» (1819-1880), английская писательница Викторианской эпохи.

[60] **Хенрик Йохан Ибсен** (1828-1906), знаменитый норвежский драматург.

[61] **Фёдор Михайлович Достоевский** (1821-1881), один из величайших русских писателей.

[62] **Антон Павлович Чехов** (1860-1904), один из крупнейших российских писателей и драматургов.

[63] **Чарльз Роберт Дарвин** (1809-1889), английский биолог, развивший теорию эволюции, которая сейчас является основной в разгадке тайн живой природы.

[64] **Томас Генри Хаксли** (1825-1895), английский биолог, Секретарь, а затем Президент Королевского Общества Великобритании на протяжении 15 лет. Известен как «Сторожевой пёс Дарвина» за его бескомпромиссную защиту теории эволюции.

[65] **Петр Алексеевич Кропоткин** (1842-1921), князь, известный ученый и деятель русского и европейского революционного движения, один из виднейших анархистов в истории этого движения.

Спустя сто лет после ее смерти, российские исследователи космоса назвали один из кратеров на невидимой стороне Луны именем Софьи Ковалевской. Кроме того, в Солнечной системе есть малая планета (астероид), носящая ее имя.

В России были выпущены почтовые марки в ее честь.

## ПРИЛОЖЕНИЕ:

### Отрывок из рассказа Софьи Ковалевской о своем детстве.

Любовь к математике проявилась у меня впервые, насколько я могу это теперь припомнить, следующим образом. У меня был дядя, брат моего отца, Петр Васильевич Корвин-Круковский, живший в 20 верстах от нашего имения, в своем селе Рыжаково.

…Любимым его занятием и единственным наслаждением, которое ему осталось от жизни, было чтение. В этом отношении его привлекала наша деревенская библиотека.

Он читал без разбору и с одинаковым удовольствием все, что попадалось под руку, и романы, и исторические очерки, и научно-популярные статьи, и ученые трактаты. От природы чрезвычайно доброго и мягкого характера, он до безумия любил детей.

…Дядя рассказывал мне сказки, учил меня играть в шахматы; потом, неожиданно увлекаясь своими мыслями, посвящал меня в тайны разных экономических и социальных проектов, которыми он мечтал облагодетельствовать человечество. Но главным образом он любил передавать то, что за свою долгую жизнь ему удалось изучить и перечитать. И вот, в часы этих бесед, между прочим, мне впервые пришлось услышать о некоторых математических понятиях, которые произвели на меня особенно сильное впечатление. Дядя говорил о квадратуре круга, об асимптотах — прямых линиях, к которым кривая постоянно приближается, никогда их не достигая, и о многих других, совершенно не понятных для меня вещах, которые, тем не менее, представлялись мне чем-то таинственным и в то же время особенно привлекательным.

Ко всему этому суждено было присоединиться следующей, чисто внешней, случайности, которая еще усилила то впечатление, которое производили на меня эти математические выражения.

Перед приездом нашим в деревню из Калуги весь дом отделывался заново. При этом были выписаны из Петербурга обои; однако не рассчитали вполне точно необходимое количество, так что на одну комнату обоев не хватило. Сперва хотели выписать для этого еще обоев из Петербурга, но, как часто в подобных случаях водится, по деревенской халатности и присущей вообще русским людям лени все откладывали в долгий ящик. А время, между тем, шло вперед, и пока собирались, судили да рядили, отделка всего дома была уже готова. Наконец, порешили, что из-за одного куска обоев не стоит хлопотать и посылать нарочного за 500 верст в столицу. Благо все комнаты в исправности, а детская пусть себе останется без обоев. Можно ее просто обклеить бумагою, благо на чердаке в палибинском доме имеется масса накопившейся за много лет газетной бумаги, лежащей там без всякого употребления.

Но по счастливой случайности вышло так, что в одной куче со старой газетной бумагой и другим ненужным хламом на чердаке оказались литографированные записи лекций по дифференциальному и интегральному исчислению академика Остроградского, которые некогда слушал мой отец, будучи еще совсем молоденьким офицером. Вот эти-то листы и пошли на обклейку моей детской. В это время мне было лет одиннадцать. Разглядывая как-то стены детской, я заметила, что там изображены некоторые вещи, про которые мне приходилось уже слышать от дяди. Будучи вообще наэлектризована его рассказами, я   особенным вниманием стала всматриваться в стены. Меня забавляло разглядывать эти пожелтевшие от времени листы, все испещренные какими-то иероглифами, смысл которых совершенно ускользал от меня, но которые, я это чувствовала, должны были означать что-нибудь очень умное и интересное, – я, бывало, по целым часам стояла перед стеною и все перечитывала там написанное. Должна сознаться, что в то время я ровно ничего из этого не понимала, но меня как будто что-то тянуло к этому занятию. Вследствие долгого рассматривания я

76

многие места выучила наизусть, и некоторые формулы, просто своим внешним видом, врезались в мою память и оставили в ней по себе глубокий след, В особенности памятно мне, что на самое видное место стены попал лист, в котором объяснялись понятия о бесконечно малых величинах и о пределе. Насколько глубокое впечатление произвели на меня эти понятия, видно из того, что когда через несколько лет я в Петербурге брала уроки у А. Н. Страннолюбского, то он, объясняя мне эти самые понятия, удивился, как я скоро их себе усвоила, и сказал: «Вы так поняли, как будто знали это наперед». И действительно, с формальной стороны, многое из этого было мне уже давно знакомо.

# Мария Склодовская-Кюри
## (1867- 1934)

Первым в мире дважды лауреатом Нобелевской премии, оставаясь и по сей день единственной женщиной в мире, обладательницей этих двух самых престижных в мире премий.

Мария Склодовская родилась в Варшаве – столице Польши, которая в то время входила в состав Российской империи.

Детство ее было нелегким, она рано потеряла мать, от болезней умерла ее сестра. Судьба вынудила Марию быть самостоятельной и целеустремленной. В школе она отличалась необычайным прилежанием и трудолюбием. Она так изнурила себя во время учебы, что после окончания школы была вынуждена сделать перерыв для поправки здоровья.

Мария стремилась продолжить образование, однако в тогдашней России возможности женщин в этой части были весьма ограничены. Мария и ее сестра Бронислава нашли выход! Сначала Мария несколько лет работала воспитателем-гувернанткой, обеспечивая материально Брониславу, пока та училась в медицинском институте в Париже. Затем Мария, когда ей было уже 24 года поехала в Сорбонну, в Париж, где изучала химию и физику, а теперь уже Бронислава зарабатывала средства для обучения сестры.

Закончив Сорбонну, Мария Склодовская стала первой женщиной-преподавателем в истории этого престижного университета. В Сорбонне же она встретила Пьера Кюри[66], также преподавателя, за которого позже вышла замуж. Вместе они занялись исследованием рентгеновских лучей. Научной лабораторией им служил бесхозный сарай около дома, в котором они жили. Здесь они с 1898 по 1902 годы переработали несколько тонн руды урана и выделили одну сотую(!) грамма нового вещества – радия[67]. Видимо, именно эта работа двух ученых подсказала Владимиру Маяковскому[68] замечательные строки:

*Поэзия —*
        *та же добыча радия.*
*В грамм добыча,*
        *в год труды.*
*Изводишь*
        *единого слова ради*
*тысячи тонн*
        *словесной руды.*

Позже Мария и Пьер открыли полоний[69] – элемент названный в честь родины Марии Кюри. В 1903 году Мария и Пьер Кюри получили Нобелевскую премию по физике. В решении Комитета по

---

[66] Пьер Кюри (1859-1906), французский учёный-физик, один из первых исследователей радиоактивности, член Французской Академии наук, лауреат Нобелевской премии по физике за 1903 год.

[67] **Радий** – химический элемент с атомным номером 88.

[68] **Владимир Владимирович Маяковский** (1893-1893), великий российский и советский поэт.

[69] **Полоний** – химический элемент с атомным весом 84. Открыт в 1898 году супругами Пьером Кюри и Марией Склодовской-Кюри. Первый образец полония, содержащий 0,1 мг, был выделен в 1910 году Элемент назван в честь родины Марии Склодовской-Кюри – Польши.

Нобелевским премиям говорилось, что ученые награждаются за выдающиеся заслуги в совместных исследованиях явлений радиации.

После трагической смерти мужа в 1906 году, Мария Склодовская-Кюри унаследовала его кафедру в Парижском университете.

В 1910 году ей удалось выделить чистый металлический радий, а не его соединения, как бывало прежде. Таким образом, был завершен 12-летний цикл исследований: было доказано, что радий является самостоятельным химическим элементом.

В конце 1910 году ряд ведущих французских ученых выдвинул кандидатуру Склодовской-Кюри на выборах во Французскую Академию Наук. До этого ни одна женщина не была избрана во Французскую Академию Наук. Прецеденты всегда будоражат умы: началась бурная полемика между сторонниками и противниками членства выдающейся женщины-ученого. После нескольких месяцев полемики, иногда выходившей за рамки корректности, кандидатура Склодовской-Кюри была отвергнута на выборах с перевесом всего в один голос...

Зато в 1911 году Мария Склодовская-Кюри была удостоена второй Нобелевской премии, на этот раз по химии с формулировкой: «За выдающиеся заслуги в развитии химии: открытие элементов радия и полония, выделение радия и изучение природы и соединений этого замечательного элемента». Она стала первым в мире дважды лауреатом Нобелевской премии[70], оставаясь и по сей день единственной женщиной в мире, обладательницей этих двух самых престижных в мире премий.

Незадолго до начала Первой мировой войны Парижский университет и Пастеровский институт[71] учредили Радиевый институт

---

[70] После Марии Склодовской-Кюри дважды лауреатами Нобелевской премии были **Джон Бардин** (1908-1991) – премии по физике (1956 и 1972); **Лайнус Карл Полинг** (1901-19940 премия попо химии (1954) и премии мира (1962); **Фредерик Сенгер** (р. 1918) – премии по химии (1958 и 1980).

[71] **Пастеровский институт основан в** 1888 году в Париже, с целью борьбы с заразными болезнями. Основателем и первым руководителем института был выдающийся французский микробиолог и химик Луи Пастер.

для исследований радиоактивности. Мария Склодовская-Кюри была назначена директором отделения фундаментальных исследований и медицинского применения радиоактивности.

Сразу после начала активных боевых действий на фронтах Первой мировой войны Мария на деньги, оставшиеся от Нобелевской премии, организовала передвижные рентгеновские пункты. Эти передвижные пункты, которые на фронте прозвали «маленькими Кюри», объезжали госпитали, помогая хирургам проводить операции.

В последние годы своей жизни Мария продолжала преподавать в Радиевом институте, где руководила работами студентов и продолжала работы по применению радиологии в медицине.

Многолетняя работа с радием сказалась на ее здоровье – оно стало заметно и резко ухудшаться. Мария Склодовская-Кюри скончалась в 1934 году от лейкемии.

# Амалия Эмми Нётер
## (1882-1935)

Выдающийся немецкий математик, о которой академик П.С. Александров сказал, что она – «самая крупная женщина-матема-тик, когда-либо существовавшая». Альберт Эйнштейн написал в день ее смерти в газете «Нью-Йорк Таймс»: «По мнению самых компетентных из ныне здравствующих математиков, госпожа Нётер была самым значительным творческим математическим гением (женского пола) из родившихся до сих пор».

Эмми родилась в семье профессора Эрлангенского университета математика Макса Нётера в Эрлангене. Она была старшей из четверых детей.

Первоначально она собиралась стать преподавателем английского и французского языков. С этой целью она добилась разрешения посещать лекции в Эрлангенском университете сначала вольнослушательницей, а с 1904 года, когда женщинам разрешили обучение в университете, была зачислена официально. Однако в университете языки отошли на задний план – ее больше всего привлекали лекции по математике. И уже в 1907 году она защитила диссертацию.

Уже в 1915 году Нётер внесла определенный вклад в разработку общей теории относительности. Этот вклад был настолько существенен, что Альберт Эйнштейн[72] в письме к лидеру всех математиков того времени Давиду Гильберту[73] выразил свое восхищение «проницательным математическим мышлением» Нётер.

В 1916 году Нётер переехала в Гёттинген, где работали Давид Гильберт и Феликс Клейн[74], и подключилась к их исследованиям в области теории относительности.

Гильберт пытался сделать Нётер приват-доцентом Гёттингенского университета, но все его попытки провалились из-за предрассудков профессуры. Известна фраза Гильберта, сказанная им на заседании университетской комиссии:

«Не понимаю, почему пол кандидата служит доводом против избрания её приват-доцентом. Ведь здесь университет, а не мужская баня!»

Нётер тем не менее, не занимая никакой официальной должности, часто читала лекции за Гильберта. Лишь по окончании Пер-

---

[72] **Альберт Эйнштейн** (1879-1955), один из величайших ученых, внесший существенный вклад в развитие современной теоретической физики, лауреат Нобелевской премии по физике (1921), общественный деятель-гуманист. Был почётным доктором около 20 ведущих университетов мира, член многих Академий наук, в том числе был иностранным почётным членом АН СССР.

[73] **Давид Гильберт** (1862 -1943), выдающийся немецкий математик-универсал, внёс значительный вклад в развитие многих математических разделов. В 1910—1920-е годы был признанным мировым лидером математиков. О нем говорили, что «это последний математик, который знал всю математику».

[74] **Феликс Клейн** (1849-1925), известный немецкий математик. Основные работы по неевклидовой геометрии, теории непрерывных групп и теории алгебраических уравнений.

вой мировой войны она смогла стать приват-доцентом в 1919 году, а затем через три года сверхштатным профессором.

Именно в это время наступил самый плодотворный период научной деятельности Нётер, когда она создаёт новое направление в абстрактной алгебре.

Ее блестящие математические результаты и постоянное желание помочь коллегам создают вокруг нее очень доброжелательную атмосферу. В числе ее друзей было много ученых с мировым именем: Давид Гильберт, Герман Вейль[75], и многие другие.

Нётер придерживалась социал-демократических взглядов. На протяжении 10 лет жизни она сотрудничала с математиками СССР, а в 1928-1929 учебном году читала лекции в Московском Государственном университете, где подружилась с такими крупными советскими математиками, как П. С. Александров[76] и П. С. Урысон[77].

Академик Павел Александров вспоминал об одном и своих посещений Гёттингенского университета: «Вершиной всего услышанного мною в это лето в Гёттингене были лекции Эмми Нётер по общей теории идеалов… Конечно, самое начало теории заложил Дедекинд, но только самое начало: теория идеалов во всём богатстве её идей и фактов, теория, оказавшая такое огромное влияние на современную математику, есть создание Эмми Нётер. … С Эмми Нётер мы постоянно виделись в непринуждённой обстановке и очень много с ней говорили, как на темы теории идеалов, так и на темы наших работ. Наше знакомство, живо завязавшееся этим летом, перешло в ту глубокую математическую и личную дружбу, которая существовала между Эмми Нётер и мною до конца её жизни».

В 1932 году Нётер, совместно с одним из своих учеников, получает международную премию за достижения в математике.

---

[75] Герман Клаус Гуго Вейль (1885-1955). немецкий математик. Наиболее значительны работы по алгебре и теории функций комплексного переменного.

76 Павел Сергеевич Александров (1896-1982), известный советский математик, академик Академии Наук СССР.

[77] Павел Самуилович Урысон (1898- 1924), советский математик. Основные результаты в области топологии и геометрии

84

После прихода нацистов к власти в 1933 году Нётер, как еврейке, пришлось эмигрировать в США, где она стала преподавателем женского колледжа в небольшом городишке Брин-Мор (Пенсильвания) и приглашённым преподавателем в весьма престижном Институте перспективных исследований в Принстоне. Младший брат Эмми, одарённый математик Фриц Нётер, уехал в СССР, где был расстрелян в сентябре 1941 года за «антисоветские настроения».

Личная жизнь Нётер не сложилась. Непризнание на родине, затем изгнание, одиночество на чужбине, казалось бы, должны были испортить её характер. Тем не менее, она почти всегда выглядела спокойной и доброжелательной. Герману Вейлю она писала, что даже чувствует себя счастливой.

В 1935 году Эмми Нётер умерла после неудачной операции по удалению раковой опухоли.

Альберт Эйнштейн написал в день ее смерти в газете «Нью-Йорк Таймс»: «По мнению самых компетентных из ныне здравствующих математиков, госпожа Нетер была самым значительным творческим математическим гением (женского пола) из родившихся до сих пор».

*** 

Академик Павел Сергеевич Александров писал:

«Если развитие математики сегодняшнего дня несомненно протекает под знаком алгебраизации, проникновения алгебраических понятий и алгебраических методов в самые различные математические теории, то это стало возможным лишь после работ Эмми Нётер».

*** 

Труды Нётер в основном относятся к алгебре, где они способствовали созданию нового направления, известного под названием абстрактной алгебры.

Большой вклад внесла Нётер в математическую физику, где её именем называется фундаментальная теорема теоретической физики, опубликованная в 1918 году.

# Ирэн Жолио-Кюри
## (1897-1956)

Французский физик, лауреат Нобелевской премии по химии. Старшая дочь Марии Склодовской-Кюри и Пьера Кюри, жена Фредерика Жолио-Кюри.

В раннем детстве Ирэн воспитывал дед по линии отца — врач Эжен Кюри. Дело в том, что матерью ее была Мария Складовская-Кюри, которая была погружена до самозабвения в работу: когда ее дочке еще не исполнилось и года, Мария стояла на пороге открытия нового, одного из самых зловещих химических элементов в природе — радия. Словом, Марии было не до дочки.

Воспитание деда сформировало у Ирэн глубоко антиклерикальные политические взгляды.

Десяти лет Ирэн, начала заниматься в кооперативной школе, организованной ее матерью совместно с несколькими её коллегами, в число которых входили известные физики Поль Ланжевен[78] и Жан

---

[78] **Поль Ланжевен** (1872-1946), французский физик и общественный деятель. Член Парижской Академии наук, почётный член АН СССР и член Лондонского королевского общества.

Перрен[79.] Все они преподавали в этой школе, что хорошо говорит об уровне преподавания точных наук.

Уже через два года Ирэн поступила в колледж Севине, окончив его перед самым началом Первой мировой войны. Ирэн продолжила своё образование в Париже, в университете Сорбонны. Ей пришлось прервать учёбу на несколько месяцев – она работала медсестрой в военном госпитале, помогая матери делать рентгенограммы.

По окончании войны Ирэн работала ассистентом-исследователем в Институте радия, который возглавляла её мать, Мария Кюри-Складовская. Уже в 1921 году Ирэн начала самостоятельную исследовательскую работу. Её первые опыты были связаны с изучением радиоактивного полония – химического элемента, открытого её родителями более двадцати лет назад. Ирэн изучала так называемые альфа-частицы, и уже в 1925 году за эти исследования Ирэн была присуждена степень доктора наук.

Самое значительное из проведённых ею исследований началось несколькими годами позже, после того как В 1926 году она вышла замуж за своего коллегу, ассистента того же Института радия – Фредерика Жолио[80]. Супруги Жолио-Кюри (как они себя называли) начали интенсивную совместную научную работу. Подвергая бомбардировке альфа-частицами различные вещества, они обнаружили, что такая бомбардировка приводит к образованию новых радиоактивных элементов.

В 1935 году супругам Жолио-Кюри совместно была присуждена Нобелевская премия по химии «за выполненный синтез новых

---

[79] **Жан Батист Перрен** (1870-1942), французский физик, лауреат Нобелевской премии по физике в 1926 году.

[80] **Фредерик Жолио-Кюри**, до брака – Фредерик Жолио (1900-1958), французский физик и общественный деятель, один из основателей и лидеров всемирного Движения сторонников мира и Пагуошского движения учёных. Лауреат Нобелевской премии по химии совместно с женой Ирэн Жолио-Кюри.

радиоактивных элементов», как отмечалось в формулировке Нобелевского Комитета.

Через год после получения Нобелевской премии Ирэн стала полным профессором Сорбонны, где читала лекции еще начиная с 1932 года. Она также сохранила за собой должность в Институте радия и продолжала заниматься исследованиями радиоактивности. В конце 1930-х годов Ирэн сделала целый ряд важных открытий и вплотную подошла к обнаружению того, что при бомбардировке нейтронами происходит распад атома урана.

Между тем, Ирэн начала погружаться в политическую деятельность: в 1936 году в течение четырёх месяцев работала помощником статс-секретаря по научно-исследовательским делам во Французском правительстве. Несмотря на оккупацию Франции нацистской Германией в 1940 году, супруги Жолио-Кюри остались в Париже, где Фредерик участвовал в движении Сопротивления. Когда в 1944 году у нацистского гестапо появились подозрения в антифашистской деятельности Фредерика, он ушёл в подполье, а Ирэн с двумя детьми удалось тайно бежать в Швейцарию, где она оставалась до освобождения Франции.

В 1946 году Ирэн была назначена директором Института радия и одним из экспертов Комиссариата по атомной энергии Франции. Она была одной из немногих женщин удостоенных одной из высочайших наград Франции —ордена Почётного легиона.

Политическая активность Ирэн Жолио-Кюри была поразительна: она входила в Национальный комитет Союза французских женщин, одновременно принимала участие в работе Всемирного Совета Мира.

Но уже в самом конце 1940-х годов её здоровье стало резко ухудшаться – сказалось радиационное облучение. Ирэн умерла в Париже в 1956 году от острой лейкемии.

# Софья Александровна Яновская
## (1896-1966)

**Советский математик, философ, педагог, создатель советской школы философии математики.**

Софья Яновская (девичья фамилия Неймарк) родилась в местечке Пружаны бывшей Гродненской губернии (ныне Брестская область) в семье евреев-служащих.

Вскоре после рождения дочери, Неймарки переехали в Одессу, где Софья стала учиться в одной из лучших женских гимназий города, которую она окончила в 1914 году с золотой медалью. Уже во время учебы в гимназии она проявила интерес к математике

В 1914 году, сразу после окончания гимназии, Софья поступила на естественное отделение только что образованных Одесских высших женских курсов при Новороссийском университете. Она готовилась стать химиком, чтобы работать на заводе и помогать отцу, но любовь к математике, пересилила: она начинает посещать лекции на математическом отделении курсов.

Однажды профессор предложил слушательницам решить одну задачу. Софья оказалась единственной решившей эту задачу, причем весьма оригинальным путем. Профессор был поражен решением и предложил своей одаренной ученице перевестись на математическое отделение курсов. Это предопределило судьбу Яновской:

методика и философия математики, математическая логика и основания математики стали сферой ее научных интересов.

Как раз в это время грянула революцию, сломавшая или сильно изменившая судьбы людей. Занятия математикой пришлось отложить на долгое время.

В 1918 году, будучи еще слушательницей женских курсов, она стала принимать участие в работе подпольного Красного Креста. Вот цитата из ее автобиографии, написанной в конце 1950-х, о том периоде ее жизни:

«В ноябре 1918 г. вступила в подпольную организацию большевиков. Перевозила инструкции обкома через фронт. Была секретарем редакции газеты «Коммунист» во время англо-французской интервенции. По установлении советской власти была секретарем редакции газеты «Известия», затем была послана с группой товарищей в Елисаветград (ныне Кировоград) на ликвидацию последствий «григорьевщины[81]». При отступлении из Елисаветрада вступила в ряды Красной Армии: была политработником на фронте, зав. информ-отделом в газете «Красная Армия» – органе Политуправления XII армии. С 1920 по 1923 гг. работала в Одесском губкоме партии: зав. информотделом, отделом учета, статистики и распределения».

Сама Софья Александровна из-за скромности никогда не рассказывала подробности тех далеких событий. Но вот, что рассказывает одна из ее фронтовых подруг:

«Во время отступления из Одессы белые захватили в плен нескольких красноармейцев. Пленных они расстреливали на мосту, и

---

[81] **Григорьевщина** – антисоветский кулацко-эсеровский мятеж в мае 1919 на Юге Украины. Руководитель его – штабс-капитан царской армии Григорьев, перешедший сначала на сторону Красной Армии, но затем поднявший мятеж в тылу Красной Армии, сражавшейся против войск Деникина в Донбассе. (*Советская историческая энциклопедия, изд. 1953 г.*)

те падали в реку. Среди них была и Софья Александровна. Пуля прострелила высокую тулью шляпы. Софья Александровна упала в реку, сумела выплыть и потом целую ночь отсиживалась в воде в камышах».

В 1918 г. — Софья Александровна вышла замуж за Исаака Яновского, с которым они вместе вели активную политическую деятельность в рядах партии большевиков и разделяли тяготы военной жизни во время Гражданской войны.

В 1923 году Яновская она добилась согласия Одесского губернского комитета ВКП(б)[82] на ее командирование в Москву на естественное отделение Института красной профессуры (ИКП), где продолжает занятия математикой. Благодаря интенсивной индивидуальной программе занятий, она смогла в сжатые сроки ликвидировать отставание, вызванное шестилетним перерывом в занятиях наукой.

Более того, еще не закончив институт, она организовала в 1925 году в МГУ семинар по истории и философии математики для студентов и аспирантов, который, в числе прочих, посещали ставшие впоследствии крупными учеными Андрей Колмогоров[83], Иван Петровский[84], Л.А. Люстерник[85], А.О. Гельфонд[86] и другие.

---

[82] **ВКП(б)** — Всесоюзная коммунистическая партия (большевиков), переименованная в 1952 году в Коммунистическую партию Советского Союза. Распущена в 1991 году.

[83] **Андрей Николаевич Колмогоров** (1903-1987) — один из крупнейших математиков XX века, один из основоположников современной теории вероятностей. Им получены фундаментальные результаты в топологии, геометрии, математической логике, классической механике, теории турбулентности, теории сложности алгоритмов, теории информации, теории функций, теории тригонометрических рядов, теории меры, теории приближения функций, теории множеств, теории дифференциальных уравнений, теории динамических систем, функциональном анализе и в ряде других областей математики и её приложений.

[84] **Иван Георгиевич Петровский** (1901-1973) — выдающийся советский математик и деятель отечественного образования. С 1951 по 1973 был ректором Московского государственного университета им. М. В. Ломоносова.

[85] **Лазарь Аронович Люстерник** (1899-1981) — советский математик, доктор физико-математических наук, член-корреспондент АН СССР.

В 1929 году Яновская успешно окончила Институт красной профессуры, а в 1931 году была утверждена профессором в Московском университете и Институте красной профессуры. Вскоре ИКП был расформирован., и вся последующая жизнь Софьи Александровны оказалась связанной с Московским университетом.

В начале 1930-х годов Яновская начала читать в МГУ курс истории математики, начиная от эпохи античности до современности. За совокупность научных работ в 1931 году Софье Яновской присвоено звание профессора, а в 1935 году, без защиты диссертации, ей была присуждена ученая степень доктора физико-математических наук.

Во время Великой Отечественной войны Софья Александровна проживала в эвакуации в Перми, где заведовала кафедрой высшей алгебры Пермского государственного университета.

Еще в начале 1930-х годов, Софья Яновская впервые заинтересовалась математической логикой. За короткое время она освоила этот новый для себя предмет и с 1936 года, впервые в СССР, начала читать его на механико-математическом факультете Московского университета. Она продолжала читать этот курс до конца жизни, непрестанно его совершенствуя и пополняя.

Огромную роль сыграла организационная деятельность Софьи Александровны, направленная на издание логико-математической литературы в СССР и защиту математической логики от нападок «марксистско-ленинских» философов, которые и на эту научную дисциплину навешивали ярлык «буржуазной лженауки», добиваясь ее запрета. Уже в 1943 году Яновская организовала первый в СССР семинар по математической логике при МГУ.

\*\*\*

Последние годы своей жизни, Софью Александровна Яновская была тяжело больна, но до последних дней отдавала свои силы воспитанию молодежи. Она умерла вскоре после своего 70-летнтего юбилея, отмечавшегося в МГУ...

---

[86] **Александр Осипович Гельфонд** (1906-1968, Москва) – советский математик, член-корреспондент АН СССР. Известен своими работами по теории чисел, а также решением седьмой проблемы Гильберта.

# Пелагея Яковлевна Кочина
## (1899 - 1999)

**О жизни Пелагеи Яковлевны Кочиной-Полубариновой многое известно из ее автобиографической книги «Воспоминания».**

Родилась она 1 мая 1899 года селе Верхний Хутор Астраханской губернии, и была крещена 4 мая, в день святой Пелагеи. Ее отец был простым сельским счетоводом, но среди своего окружения выделялся любознательностью и начитанностью, имел небольшую, но хорошо подобранную библиотечку. Он интересовался математикой и историей, и привил любовь к учению своим детям. Именно это стремление дать детям хорошее образование побудило его переехать в Петербург.

В Петербурге Пелагея закончила гимназия, затем Бестужевские женские курсы, а в завершение – Петроградский университет в 1921 году. В университете в то время преподавали такие видные математики, как И.М. Виноградов[87], А.А. Марков[88], В.И. Смирнова[89].

---

[87] **Иван Матвеевич Виноградов** (1891-1983), российский и советский математик, академик Академии наук, Герой Социалистического Труда, лауреат Сталинской премии. Более 50 лет возглавлял Математический институт им. В. А. Стеклова АН СССР.

Еще до окончания университета Пелагея Полубаринова начинает работать математиком в Главной Геофизической обсерватории – старейшем в мире метеорологическом научном учреждении, основанном еще по указу императора Николая I в 1849 году.

Вскоре после окончания университета, Пелагея Яковлевна начинает преподавать на рабфаке Института инженеров путей сообщения, а затем в Ленинградском университете, где в 1934 году становится профессором.

С 1935 она начинает работу в Математическом институте им. В.А.Стеклова[90], а через четыре года она переходит в Институт механики АН СССР, где Пелагея занимается математической теорией движения грунтовых вод. Вскоре она защищает докторскую диссертации. Имя Полубариновой-Кочиной становится широко известным среди математиков и производственников. Выходят две ее фундаментальных монографии «Некоторые задачи установившихся движении грунтовых вод», за которую она получает Сталинскую премию, и «Теория движения грунтовых вод» и много статей. Она становится главой современной школы гидродинамической теории фильтрации жидкостей и газов. В 1947 году Пелагея Яковлевна Полубаринова-Кочина избирается в члены-корреспонденты Академии наук СССР

В 1948 году появилась ее статья «Об одном уравнении в частных производных, встречающихся в теории фильтрации». Эта работа положила начало чисто математическим исследованиям.

Помимо математических вопросов, она уделяет большое внимание истории науки: ряд ее исследований посвящен жизни и

[88] **Андрей Андреевич Марков** (1856-(18560614)1922) — выдающийся русский математик, академик Петербургской Академии наук, внёсший большой вклад в теорию вероятности, математический анализ и теорию чисел.

[89] **Владимир Иванович Смирнов** (1887-1974), российский и советский математик, академик АН СССР

[90] **Владимир Андреевич Стеклов** (1864-1926), русский математик и механик, академик Петербургской Академии наук, затем вице-президент АН СССР.

творчеству Софьи Ковалевской. Пелагея Кочина была также редактором первого собрания сочинений Ковалевской.

В 1958 году Кочину избирают действительным членом АН СССР по Сибирскому отделению. Она становится сотрудником Института гидродинамики им. М.А. Лаврентьева Сибирского отделения АН СССР и преподает в Новосибирском Государственно университете.

В 1969 году в день ее 70-летия в Академии наук проводится научный симпозиум, на котором ей вручается орден Ленина и Золотая Звезда Героя Социалистического Труда.

В 1970 году Кочина возвращается в Москву в Институт механики АН СССР.

Даже последнее десятилетие она провела достаточно активно. В 1994 году, накануне 95-летия, академик Кочина дала большое интервью московскому телевидению. Разговор от науки перешел к поэзии. Пелагея Яковлевна сказала, что ее любимым поэтом является Пушкин. Когда тележурналистка попросила ее прочитать что-нибудь из Пушкина, она с ироничной улыбкой начала монолог Пимена из пушкинской трагедии «Борис Годунов»: «Еще одно, последнее сказанье, и летопись окончена моя. Исполнен долг, завещанный от Бога...».

13 мая 1999 года в Институте гидродинамики им. М.А.Лаврентьева в Новосибирске, Российская Академия наук провела юбилейную сессию, посвященную 100-летию со дня рождения академика Пелагеи Яковлевны Кочиной. Сама она, перенесшая недавно серьезное заболевание, не смогла приехать на чествование, но прислала свое приветствие участникам юбилейной сессии. Вот выдержка из ее приветствия:

«Сердечно приветствую Ученый совет и весь коллектив дорогого мне Института гидродинамики, всех участников и гостей сессии.

Мне очень приятно, что на ней состоятся доклады моих учеников и соратников. С ними я поддерживаю постоянную связь после моего возвращения в Москву. В Сибири я получила благотворный душевный заряд, воздействие которого постоянно испытываю, работая здесь в Институте проблем механики.

Годы берут свое, и последние 6 лет я тружусь в тесном сотрудничестве с моей дочерью, доктором физико-математических наук Ниной Николаевной Кочиной. За это время совместно с ней опубликованы четыре монографии и пять статей, подготовлены новые публикации».

***

Пелагея Яковлевна прожила  целый век плодотворной и активной жизни. Она была замечательным ученым и талантливым педагогом, оставившим после себя большую научную школу.

# Женщины, удостоенные Нобелевской премии

Нобелевские премии были учреждены в 1895 году по воле Альфреда Нобеля[91], завещавшего на это свои средства. Нобелевские премии ежегодно присуждаются тем личностям, которые сделали выдающийся вклад в области химии, физики, физиологии или медицины, литературы и укрепления мира. В 1968 году была дополнительно учреждена премия за научный вклад в области экономики.

Каждый лауреат получает медаль, диплом и денежное вознаграждение, которое меняется на протяжении многих лет[92]. Награды вручаются в Стокгольме на ежегодной церемонии 10 декабря, в годовщину смерти Нобеля.

В 2010 году насчитывалось 770 нобелевских мужчин-лауреатов и 40 женщин-лауреатов. Рекордным по количеству награждений среди женщин стал 2009 год – сразу пять представительниц прекрасного пола (кто посмеет назвать их «слабым полом»?) получили Нобелевскую премию.

А вот список всех женщин лауреатов Нобелевской премии. Предварительно отметим, что за всю историю существования Нобелевской премии было всего три мужчины дважды лауреата и одна женщина – Мария Складовская-Кюри, которая, к тому же, была и первой женщиной лауреатом.

---

[91] **Альфред Бернхард Нобель** (1833-1896), шведский химик, инженер, изобретатель динамита (незря у него был псевдоним «Продавец смерти»). Завещал свое огромное состояние на учреждение Нобелевской премии.

[92] В 1901 году лауреатам первой Нобелевской премии были даны 150 тысяч шведских крон, что эквивалентно 8 миллионам шведских крон в наше время. В 2008 году победители были награждены премией в размере 10 миллионов шведских крон.

# СПИСОК ЖЕНЩИН – ЛАУРЕАТОВ НОБЕЛЕВСКОЙ ПРЕМИИ

| Год | Лауреат | Страна | Категория |
|-----|---------|--------|-----------|
| 1903 | Мария Склодовская-Кюри | Франция | Физика |
| 1905 | Берта Зуттнер | Австро-Венгрия | Премия Мира |
| 1909 | Сельма Лагерлёф | Швеция | Литература |
| 1911 | Мария Склодовская-Кюри | Франция | Химия |
| 1926 | Грация Деледда | Италия | Литература |
| 1928 | Сигрид Унсет | Норвегия | Литература |
| 1931 | Джейн Аддамс | США | Премия Мира |
| 1935 | Ирэн Жолио-Кюри | Франция | Химия |
| 1938 | Перл Бак | США | Литература |
| 1945 | Габриэла Мистраль | Чили | Литература |
| 1946 | Эмили Болч | США | Премия Мира |
| 1947 | Герти Кори | США | Физиология и медицина |
| 1963 | Мария Гёпперт-Майер | США | Физика |
| 1964 | Дороти Ходжкин | Великобритания | Химия |
| 1966 | Нелли Закс | Швеция | Литература |
| 1976 | Бетти Уильямс | Великобритания | Премия Мира |
| 1976 | Мейрид Корриган | Великобритания | Премия Мира |
| 1977 | Розалин Сасмен Ялоу | США | Физиология и медицина |
| 1979 | Мать Тереза | Индия | Премия Мира |
| 1982 | Альва Мюрдаль | Швеция | Премия Мира |
| 1983 | Барбара Макклинток | США | Физиология и медицина |
| 1991 | Надин Гордимер | ЮАР | Литература |
| 1991 | Аун Сан Су Чжи | Бирма | Премия Мира |
| 1992 | Ригоберта Менчу Тум | Гватемала | Премия Мира |
| 1993 | Тони Моррисон | США | Литература |
| 1995 | Кристиана Нюсляйн- | Германия | Физиология и |

| | | | |
|---|---|---|---|
| | Фольхард | | медицина |
| 1996 | Вислава Шимборская | Польша | Литература |
| 1997 | Джоди Уильямс | США | Премия Мира |
| 2003 | Ширин Эбади | Иран | Премия Мира |
| 2004 | Эльфрида Елинек | Австрия | Литература |
| 2004 | Вангари Маатаи | Кения | Премия Мира |
| 2004 | Линда Бак | США | Физиология и медицина |
| 2007 | Дорис Лессинг | Великобритания | Литература |
| 2008 | Франсуаза Барре-Синусси | Франция | Физиология и медицина |
| 2009 | Элизабет Элен Блэкбёрн | Австралия, США | Физиология и медицина |
| 2009 | Кэрол Грейдер | США | Физиология и медицина |
| 2009 | Ада Йонат | Израиль | Химия |
| 2009 | Герта Мюллер | Германия, Румыния | Литература |
| 2009 | Элинор Остром | США | Экономика |

Ниже привидятся краткие сведения о всех женщинах-ученых, получивших Нобелевскую премию.

## Мария Склодовская-Кюри
### (1867-1934)

**1903:**Премия по физике (совместно с Пьером Кюри) «в знак признания экстраординарных возможностей, которые они открыли в своих совместных исследованиях радиационного явления».

**1911:**Премия по химии «за открытие радия и полония».

## Ирэн Жолио-Кюри
### (1897-1956)

**1935:** Премия по химии (совместно с Фредериком Жолио-Кюри) «за синтезирование новых радиоактивных элементов»

## Герти Тереза Кори
### (1896-1957)

**1947:** Премия по физиологии и медицине (совместно с Карлом Кори) «за открытие курса каталитической конверсии гликогена».

## Мария Гёпперт-Майер
### (1906-1972)

**1963:** Премия по физике (совместно с Хансом Йенсеном) «за открытия, касающиеся структуры оболочки ядра»

1

## Дороти Кроуфт Ходжкин
### (1910-1994)

**1964:** Премия по химии «за определения применимости рентгеновских методов для структур важных биохимических веществ».

## Розалин Сасмен Ялоу
### (р. 1921)

**1977:** Премия по физиологии и медицине «за разработку радиоиммунного анализа пептидных гормонов».

## Барбара Макклинток
### (1902-1992)

**1983:** Премия по физиологии и медицине «за открытие мобильных генетических элементов».

## Рита Леви-Монтальчини
### (р. 1899)

**1986:** Премия по физиология и медицина (совместно со Стэнли Коэном)«за открытие фактора роста нервов».

## Гертруда Белл Элайон
## (1918-1999)

**1988:** Премия по физиологии и медицине (сов местно с Джеймсом Блэком и Джорджем Хитчингсом) «за открытие важных принципов применения лекарств».

## Кристиана Нюсляйн-
## Фольхард
## (р. 1942)

**1995:** Премия по физиологии и медицине (сов местно с Эдвардом Льюисом и Эриком Вишаусом) «за их открытия, касающиеся генетического контроля раннего эмбриональное развитие».

## Линда Бак
## (р. 1947)

**2004:** Премия по физиологии и медицине (совместно с Ричардом Экселом) «за их открытия — рецептор одоранта и организацию обонятельной сенсорной системы».

## Франсуаза Барре-
## Синусси
## (р. 1947)

**2008:** Премия по физиологии и медицине (совместно с Харальдом цур Хаузеном и Люком Монтанье) «за их открытие вируса иммунодефицита человека»

| | |
|---|---|
| **Элизабет Элен Блэкбёрн**<br>**(р. 1948)** | **Кэрол Грейдер**<br>**(р. 1961)** |
| <br>**2009:**Премия по физиологии и медицине (совместно с Кэрол Грейдер и Джеком Шостаком) «за открытие механизмов защиты хромосом теломерами и фермента теломеразы». | <br>**2009:**Премия по физиологии и медицине (совместно с Элизабет Блэкбёрн и Джеком Шостаком) «за открытие механизмов защиты хромосом теломерами и фермента теломеразы». |
| **Ада Йонат**<br>**(р. 1939)** | **Элинор Остром**<br>**(р. 1933)** |
| <br>**2009:**Премия по химии (совместно с Венкатрамаом Рамакришнаном и Томасом Стейцом) «за исследования структуры и функций рибосомы». | <br>**2009:** Премия по экономике (совместно с Оливером Уильямсоном) «за исследования в области экономической организации». |

# Страничка саморекламы

Как я уже писал, в Москве издательством URSS (УРСС) опубликованы 8 книг серии «История науки сквозь призму озарений». Эти книги прекрасно изданы и имеют вполне божескую цену.

Надеюсь, они все же попадут на американский книжный рынок, тогда отпадет необходимость в моих «самиздатских» вариантах. А пока... Мои друзья могут эти книги заказать на моем закрытом сайте. Как эти книги приобрести, написано ниже.

У меня есть еще три книги, близкие по духу тем, которые уже представлены. Это две книги про рукотворные и нерукотворные чудеса мира и книга о загадке жизни (теории возникновения и развития жизни на Земле).

Кроме того, есть чисто литературные вещи, которые не требуют специальных комментариев:

А также «джентльменский» набор:

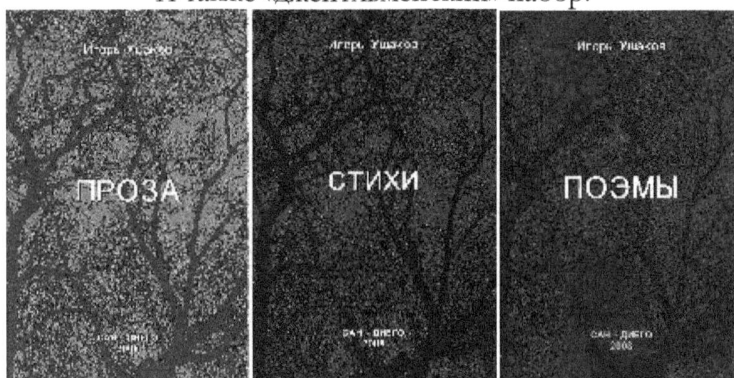

И еще парочка книг, не предназначенных для религиозных людей.

## Все эти книжки <u>можно заказать</u>:
**Набираете в Интернете адрес:**
http://www.lulu.com/browse/search.php?fSearch=ushakov

**Дальше – выбирайте! (Литературные книги можно скачать бесплатно.)**

**Если будут трудности или вопросы, пишите по адресу igusha22@gmail.com.**

**Книги, изданные в Москве издательством URSS, можно купить, к сожалению, пока только в России и в Украине.**

Справки по телефону: 8(499)724-25-45. Емейл: orders@URSS.ru.
Адрес магазина: **117335, г. Москва, Нахимовский проспект, 56.**

*San Diego, California.*

www.ingramcontent.com/pod-product-compliance
Lightning Source LLC
Chambersburg PA
CBHW032014040426
42448CB00006B/624